おかあさんと、イタリアの旅〜!!

城塞にのぼって、まちをみおろす。

この橋の上で姿を消した、おかあさん…

↓ギザギザしたのと、ドッシリしたの。↓

自分たちで切符を買い、列車に乗る。フリー旅の、不安と解放感。

おかあさん、一緒にどこか行かない?

2

おかあさんと旅をしよ～。

k.m.p.
ムラマツ エリコ
なかがわ みどり

わたしたち2人と、
その母2人の、
4人で
旅をしました。

――選んだ場所は、外国。
あ、ここもみせたいよね？じゃあ、バスと地下鉄でぇ～……
えーと……
腰痛いよね～
ホテルに戻りたいね～
必死→

……そんな、
母と娘の
旅のお話を
かいてまいります。

で、そもそも「わたしたち」とは……

こうみえて、オンナだよ。
ムラマツ
こうみえて、オトナだよ。
なかがわ

2人で、フリーで、しごとをしているユニットで、本をかいたり雑貨をつくったりしています。

2人で、ビンボー旅行に出かけては……
メモ
メモ
写真
写真
旅行記なんかもかいたりしています。
ポルトガル
朝・昼・晩。
帯に入れるコピーなんですが……
ヤバイ、間に合わない……

フツーに大学を出て
フツーに就職をして
ブナンな人生を歩んできた娘が
突然脱線してフリーになり、
不安定どころか、無一文。
お金を貯めたかと思えば、
旅に出て全部つかっちゃう……。
さぞかし心配だったことでしょう。
そんな、超・極・貧・な娘時代は
長かった……

これもらってっていーい？
実家から
食料や消耗品を調達。

ごめんっかしてっ
毎月、借りては返す、
のくり返し。

いろいろ試してみたくてさー
化粧品の試供品を
いただく。

お、おかーさんのいなりずしが食べたくなっちゃってさーっ
何か
リクエストして
食べさせてもらう。

欲しかったんだ〜
「誕生日」にかこつけて、
日用品を買ってもらう。

ほらこれ
ビンボーを隠しても、バレていた。

今は、極貧よりはマシになり、中貧だけど、
しかし、これといって
ありがとうのキモチなんかを
伝えるようなコトはしていない。
フツーのことをして過ごしているだけ。

じゃーん

母の日のプレゼント

ココ、おいしいでしょ

なんか食べに行く

おめでとー

誕生日のプレゼント

おかあさんに似合う服発見!!

一緒に買いもの

マジックショーでもみる?

なんか、観に行く

となりの部屋に運べばいーのね?

実家の手伝い

おとうさんに電話?

ちょいと1泊旅行

……ってことなんじゃないの
そーかもね

たまに長電話

ただ、旅先でいつも
思っていたことがあった。

おかあさんにも
みせてあげたい。

おかあさんにも
食べさせたいね。

きっと
コレ
すきだよ

いつもの
娘の旅の様子、
みてもらいたいね。

おまけして
くれるの？
ありがとう～
特別だよ～

おかあさんを
つれてこれるように
なりたいね・・・・

今は超ビンボー旅行しか
できないけど、
いつかきっと、
おかあさんと・・・・。
そう、親孝行に、旅行を。

そう思ったら、
「旅へのご招待」は、
何よりも自分たちらしい
親孝行に思えた。
でも、いつかきっと……の、
いつか、っていつなのか。
自分が決めなきゃ、
・・
その時がこつ然と
あらわれるわけもない。

今、それを
やる時かもしれない？

と、いうわけで、
それから
5年以上かけて
お金を貯め、
ついに旅立った、
……というお話です。

きっと おかあさんは……
わ〜
すてき
こんなところに
つれてきて
もらえるなんて
おかあさん、
すっっっごく
うれしいよ、
ほんとに…

↑

親孝行想像図。

おかあさんと旅をしよ〜。

母と娘の、旅。

なかがわ みどり

ムラマツ エリコ

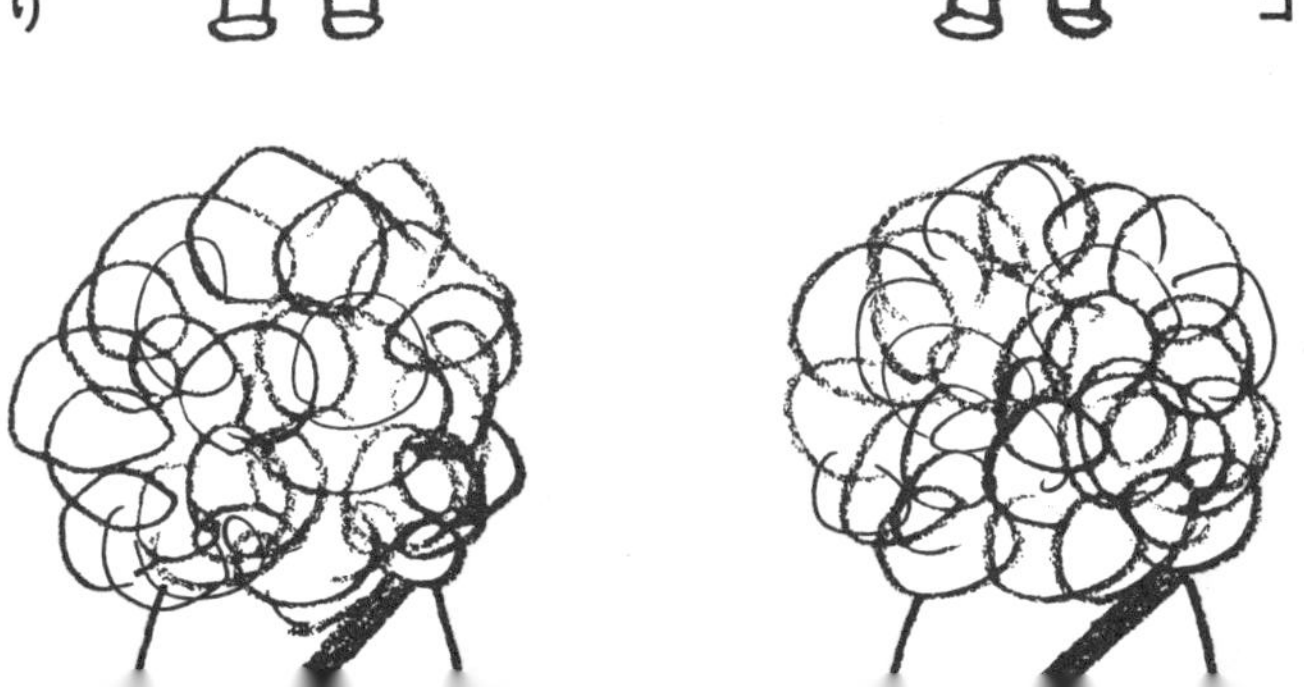

もくじ

コラム

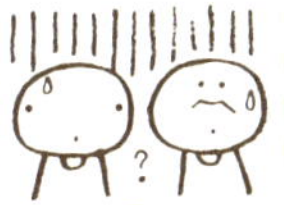

コラム

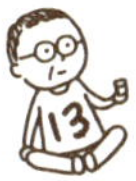

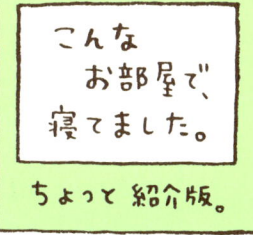

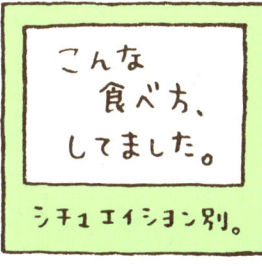

旅で想う。

コラム

k.m.p.流

母との旅のコツ。

お話は、
〝旅立つ前〟から
はじまります。

旅の練習?

どーかな?

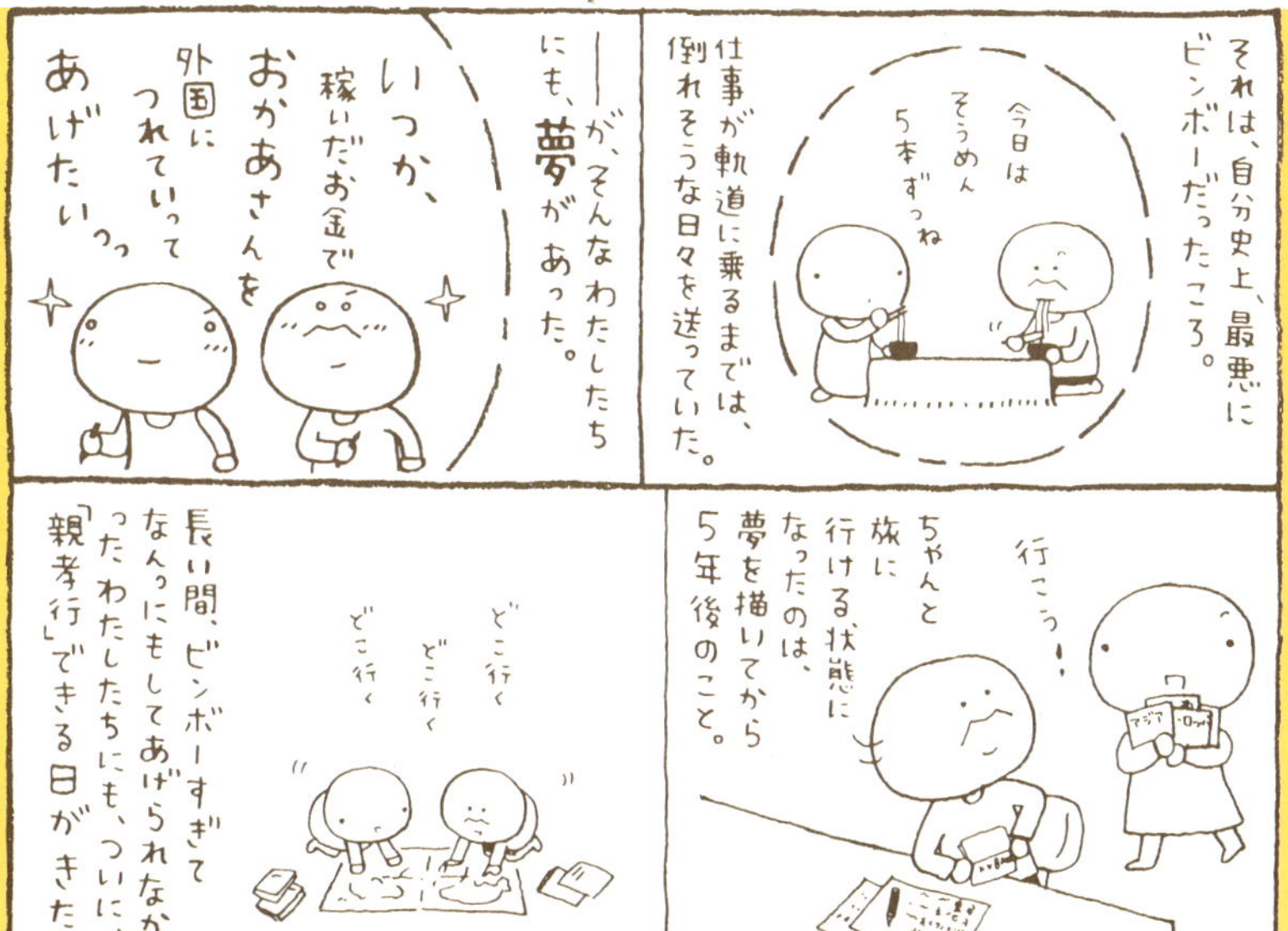

それは、自分史上、最悪にビンボーだったころ。
今日はそうめん5本ずつね
仕事が軌道に乗るまでは、倒れそうな日々を送っていた。
――が、そんなわたしたちにも、夢があった。
いつか、稼いだお金でおかあさんを外国につれていってあげたいっっ
ちゃんと旅に行ける状態になったのは、夢を描いてから5年後のこと。
行こう!
長い間、ビンボーすぎてなんっにもしてあげられなかったわたしたちにも、ついに、「親孝行」できる日がきた。
どこ行く
どこ行く
どこ行く

ところで、ビンボーなわたしたち2人の、"いつものカタチ"といえば……
乗りつぎの多い、安チケットで飛び、
1回
2回
もちろん安宿に泊まり、
あの……部屋、ありますかっ
トイレが流れませんっ
安い食堂か、屋台でごはん。
スーパーで調達も
まちじゅうをひたすら歩きまわる。
よしっ！すべての道を歩いたぞっ
しかし、おかあさんが一緒となれば、そんな旅はムリだろう。
うちのおかあさん腰痛もちでさ～
うちもだよ。いっぱい休憩するかもよ～
そう。おかあさんとの、旅。
キレイな景色をみせてあげたいな～
食べものがおいしいとこがいいよねぇ
で、暑すぎず寒すぎずーっ
親孝行のつもりなのだから、おかあさんがヨロコブとこじゃないと。
やっぱりヨーロッパかねぇ～
うん。みせたいものいっぱいある～
撮ーるーよ～
美術館ばかりじゃ飽きるだろうから、路地歩きも。
こっち行ってみよう～
そして……
わーっ
ここ、テレビでみたことある～
――と、こんな、ベタな感動も必要でしょう。

注意事項、お願い事項も、いっぱいありそうだ。

日本の旅館みたいに夕食はつかないからね。

バスタブがあるとも限らないよ。

まいごになっても、ケータイなんてないからね。

外国の旅、ともなれば、いろいろと、勝手が違うし。

スリやひったくりにやられないように、バッグはたすきがけで、体の前にね。

アヤシイヨネッ
だましの手口も、いろいろあるんだよ。

シャシントリマショーカ?

あら〜

ところで、何がみたい、とか今度、きいてみようか。

そーだよね。おかあさんたちの希望も、きかないとね。

……おかあさんたち? ここで、大切なことに気がついた。

うちのおかあさんと、
うちのおかあさん。

会ったことが、ない。

そうだった。いくら、一緒に仕事をしているわたしたちの母親だからといって、気が合うとは、限らない……

わたしたちは、それぞれ、何回か会っている。

食べな〜

わーい
いただきます〜

(なかがわ実家)

おかあさんは、「娘の相棒」として接してくれている。

はい、さしいれ〜

わーい♡

ありがとございまーす
(仕事場)

……のだよね。

……なので、勝手に気が合うような気がしていたが、人間の波長とはビミョーなもので、こればっかりは、わからない。

がーん。

やばいっ。

万が一、気が合わなかったりしたら……
長年の夢である、この一大プロジェクトが……
今まで描いてきた、おかあさんのヨロコブ顔が……
現実のものとなることなく、はかなく消えてしまうのだ……！
わ〜っそんなあ〜
しゅる
しゅる
しゅる
う、うちのおかあさんて、人見知りするようでしないような……よ、よくわかんないんだよね……
ムラマツ母＝ヨーコ（60代前半）
うちは、一見、しないようにみえるんだけど、でも、意外にする気もする……
なかがわ母＝ますみ（60代前半）
「うちのおかあさん」て……気が弱いようで案外強かったり……でも、ガマンしすぎて具合悪くなったり？
んー
すんごい大ざっぱなのかと思うとわりと繊細だったりしてよくわかんない〜
？
んー
——そんなわけで。気をもんでばかりいてもどうしようもないので、まず、「顔合わせ」に、食事でも、ということに。
いつも娘がお世話になって……
いーえこちらこそいつもいつも……
いきなり、テーブルを囲んで向かい合っても、話題に欠けるのでは……と、まずは映画でも観てから、という、初デートのようなコースを考え……
この旅に、想いをはせられるように、計算も、した。
ヨーロッパのまち並みがみられる映画なんだよ。
これから実際に旅をするところが舞台なんだよ。

それにしても さっきから…… 時計ばっかりみてる のは、なんでだ？
ね、寝てるんじゃ ないでしょうねえ、その、目のひらき具合…
も、もしかして、「ヨーロッパ」が、だめ？ ……ってゆーか、「旅」自体、キョーミない とか？ なんなの？ ハズした？
そうこうしているうちに 映画も終わり、場内が 明るくなった。
ト、トイレ どっこかしらっ
あたしも すっごく ガマン してたの!!
そう言うと、おかあさんたちは 腕を組み、トイレに 走っていった。
長かった ね〜
ほんと ほんと〜
？
初対面のごあいさつしか していない間柄……とは 思えないうしろ姿であった。
あった あった
波長とは不思議なもので、合わない人とは、ただの世間話ですら、もたないものだが……
うちの オトーサン 定年退職 してから なんにも しないの
うちだって 座ったら 動かないよっ
ぺちゃ くちゃ
ぺちゃ くちゃ
ぺちゃ くちゃ
……。
——心配なさそうだ。
おかあさんたち、なんとかうまくいきそう。
ほ。
そーだ。ヨーロッパ行く前 にさ、国内で、「旅の練習」しようよ!!
あら すてき
なに…!?

話が発展した勢いで、
いざ、唐突に、
浜松1泊旅行！
Q.なんで浜松？
A.安い宿があったから。
えーと
「親孝行の旅」の練習、
という名目なので、
これも、娘もちで
運転手つき。
(身内からの有志)
"練習"とはいうものの、まずたのしいことが大事。
おかあさんがノリ気なら娘もはりきれるってもの。
鍾乳洞、すごそうだよ
ぼたん園が見頃らしいよ！
浜松の春は心地良く、歩道には、大きなつつじの花が激しく咲き乱れ、どこまでも続いている。
「歩道のつつじ」みてカンドーしたのなんて、はじめてかも〜。
さて、わたしたちの視線の先にはおかあさん。
「本番」のためには、おかあさんを観察しなくては。
元気だね…
思ったよりたくさん歩けそうだ。
……と思ったら、そうでもないみたい。
あらっ！
まだあんなところにいるっ！
歩くペースを考えないと。
娘がハマるものには……
ねーねー、コレすごいよ
ねーねー
ーハマらない模様。
もういいかと思うと、
行っくよ〜
すごいねー
ふしぎだねー
ー夢中。
意外なものに、キョーミを示す。

はい、コレ、おやき。

さっき買ったの。

おまんじゅうもあるよ
じゃこっちも食べて〜

なつかしいお菓子もってきたの
よく食うな〜

乗りものでは、お菓子が必要らしい。

時々、いなくなる。

あれっどこ行った?

おか〜さんっ?

これを外国でやられるといちばん困るかも。

ぼたんの花、全然「見頃」じゃなかったね〜残念〜。

でもほかの花がすっごくキレイだったからよかったよ〜

案外、気を遣ってくれるじゃん。

おみやげは、何よりも大切だ、という様子。

相当時間が必要か?

あちこちでおみやげタイムをつくらないとね。

――うん。ほんのすこしだけど、「おかあさんとの旅」のカタチがみえてきた。「たのしい4人組」になれそうな。

まだ食ってる……

今回の旅、どーだったぁ?

Zzz…

こちらはこんなかんじ。

そしてこちらは……

あらっ どしたの 気分 悪い？

そういえば、さっきから…… ものも言わずに、窓の外を見ては、足もとに視線を落としている。

えっ、大丈夫!? 疲れちゃった？

違うの……

帰りたく ないの……

よ、よかった……

よし、本格的に じゅんびするぞ!! おかあさんとの、旅。

ぜったいに いい旅に するからね。

これが 親孝行だなんて 思うのは、娘の自己満足 だけどね。


おしまい。

――そんなこんなで
娘だけでなく、
母のキモチも 高まって。
「旅」に 向けて、
いろんなコトが 動きはじめました。

娘は、春生まれ。

チョット ヒトコマ。

チョット ヒトコマ。

おかあさんは、夏生まれ……

……どころか、誕生日がおんなじでした。

どこへ行こうか。

わたしたちの想いと、旅の企画を、
おかあさんに話した。

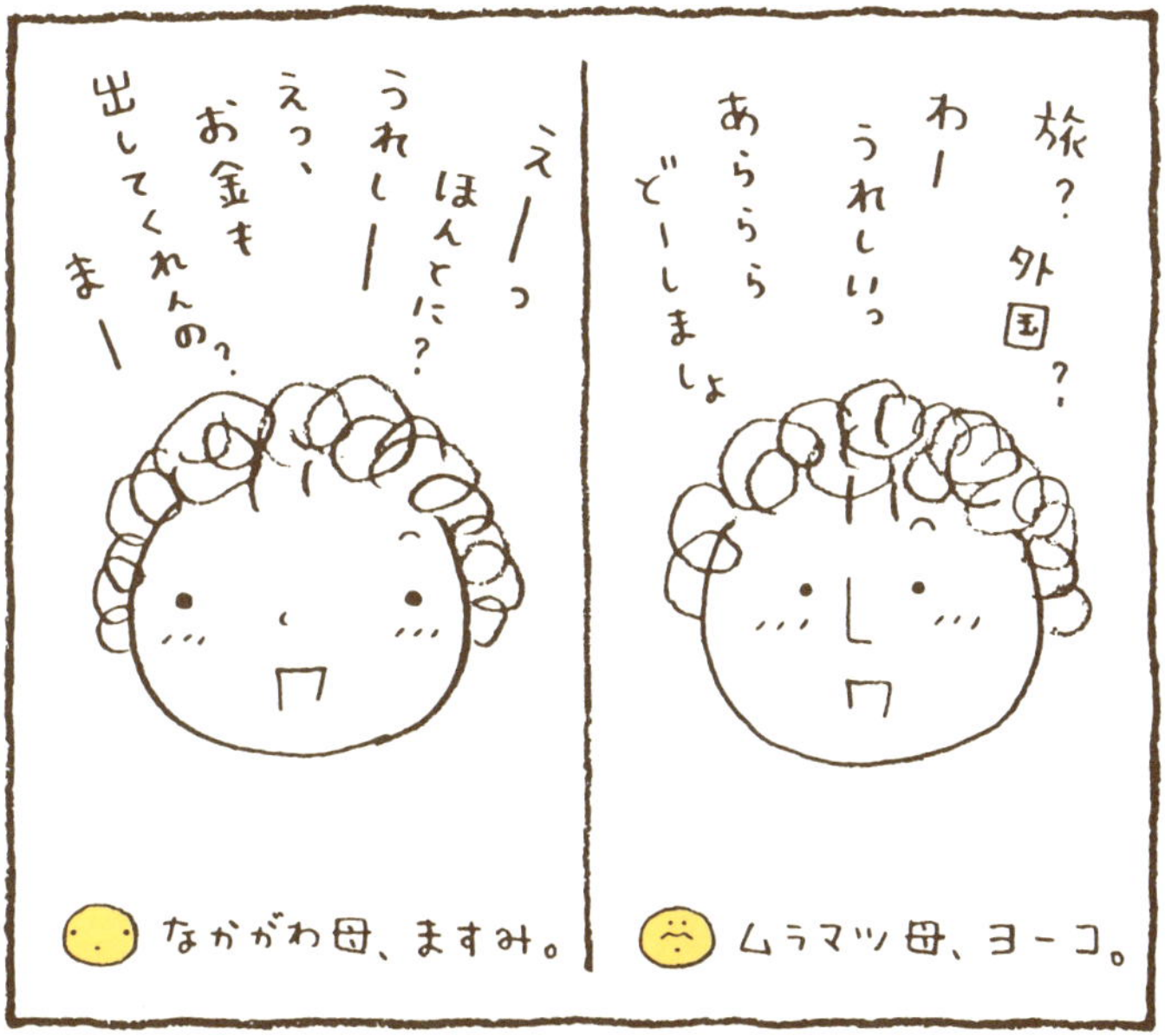
旅？　外国？
わー
うれしいっ
あらららどーしましょ
ムラマツ母、ヨーコ。
えーっ　ほんとに？
うれしーー
えっ、お金も出してくれんの？
まーー
なかがわ母、ますみ。

娘としては、
親孝行の宣言をした気分。

やっとスタートできた気がした。
長年想い描いてきた……

おかあさんと、
外国へ、2〜3週間、
手づくりの旅。

……という、プレゼント。

いよいよ、その旅をつくる時がやってきた。

それは、国選びからはじまった。
みせてあげたいとこは、いっぱいあるよねー
一緒にオーロラみに行く、なんてのは？ほんとは、ピラミッドもみせてあげたいんだよねえ……
360°地平線の砂漠の夜、とかもねえ〜……

しかし、それはちょっと過酷かも。

おかあさんと、
たのしく過ごせそうなところがいい。

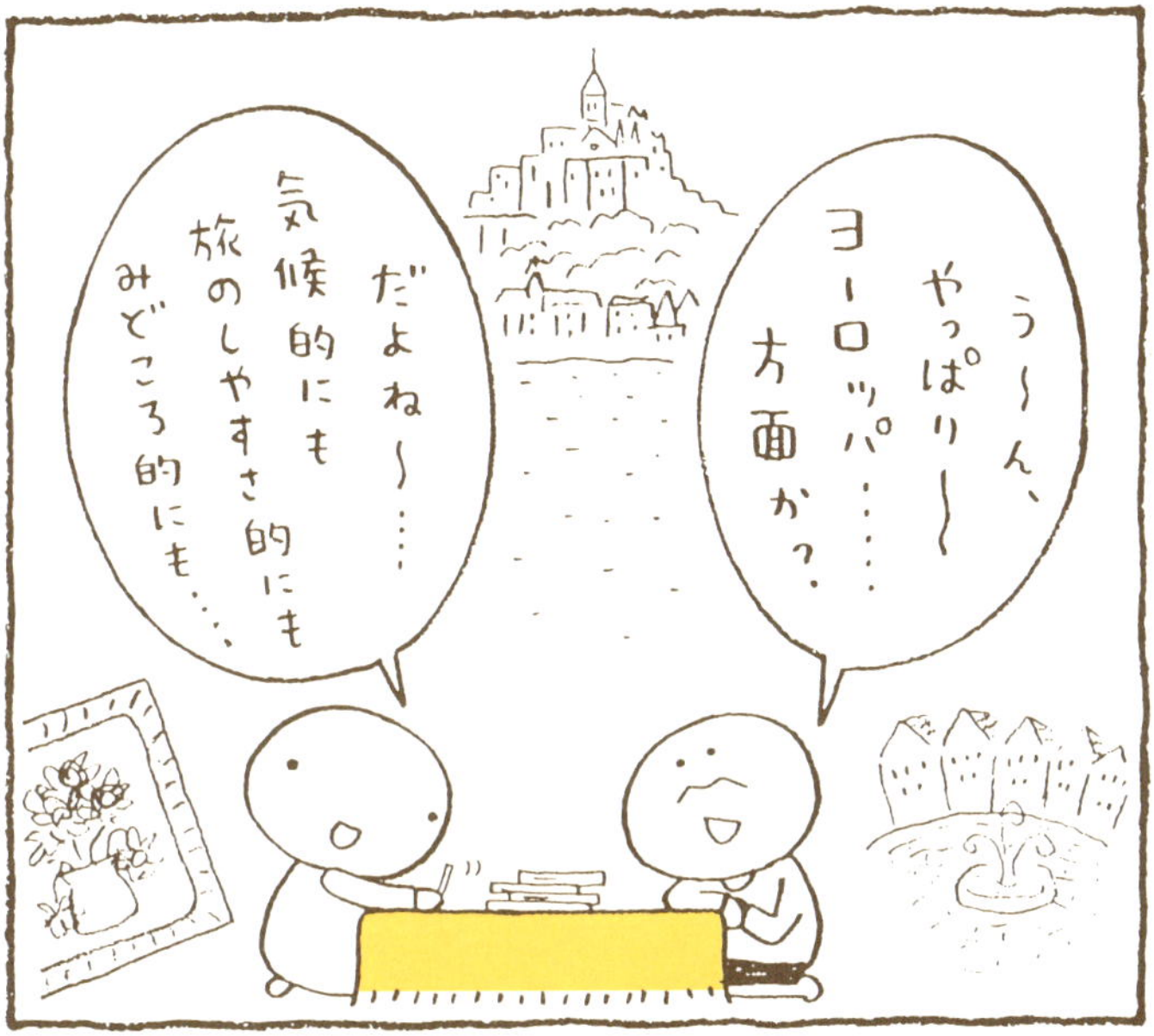
う〜ん、やっぱり〜〜ヨーロッパ……方面か?
だよね〜……気候的にも旅のしやすさ的にもみどころ的にも……

行きたい国というより、「おかあさんと行くのに
ちょうどいいところ」選び。

ヨーロッパといっても、いろいろある。

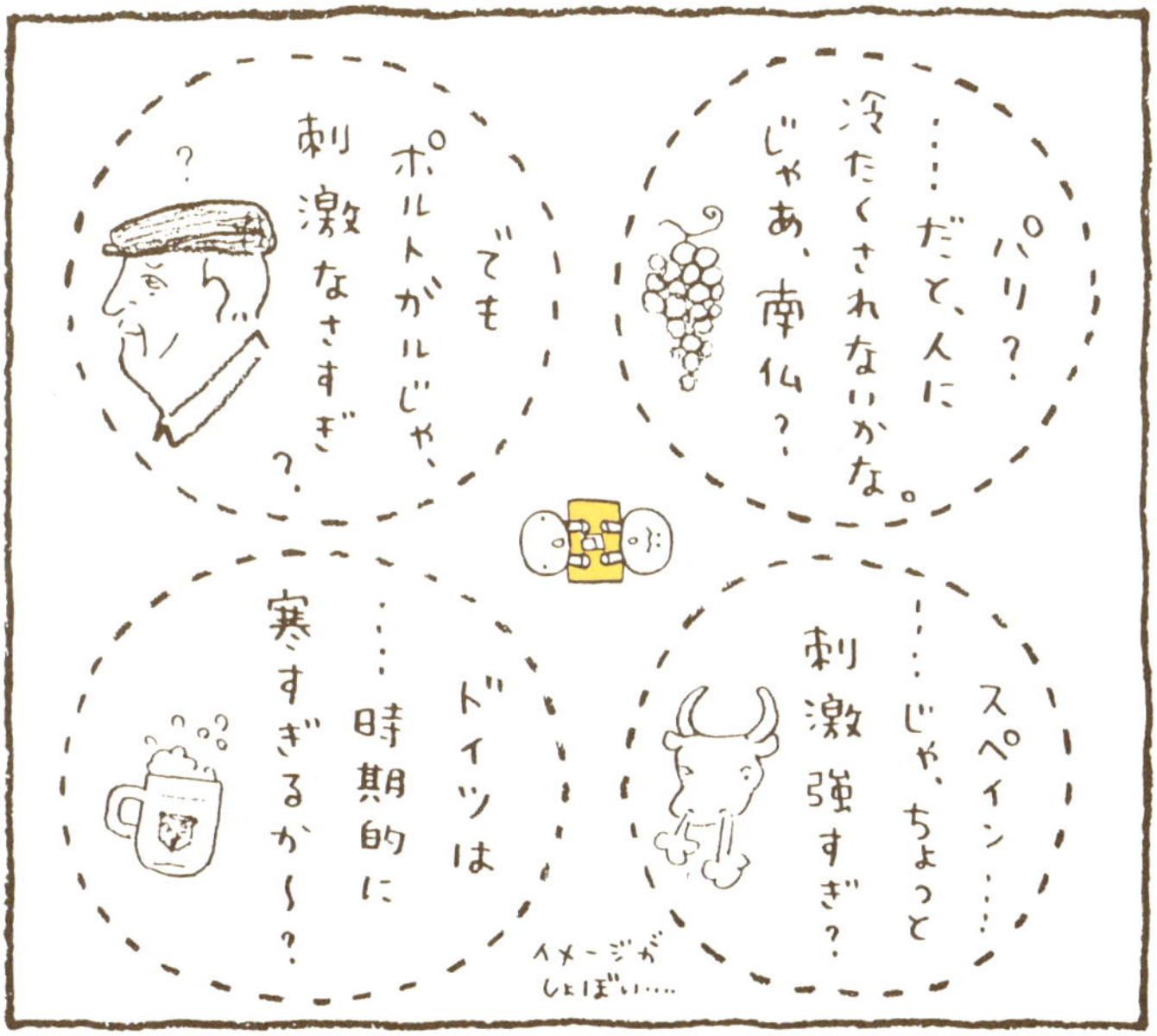
パリ?……だと、人に冷たくされないかな。じゃあ、南仏?
でもポルトガルじゃ、刺激なさすぎ?
スペイン……じゃ、ちょっと刺激強すぎ?
ドイツは……時期的に寒すぎるか〜?
イメージがしょぼい……

みどころも重要だけど、季節、まち並み、
物価、治安、食べもの、人の気質……

慎重に考えれば考えるほど、何が大事なのかがボケてくる。

スイス……って、おかあさん的にピンとこないかも?
ギリシャって、ちょっと、ほかとはなれてるから……
イタリアの南部は治安が悪いらしいし～
イギリスって、食べものがね～……

おかあさんは、どこへ行きたいのだ!!

――そうだった。おかあさんにきいてみればいいのだ。

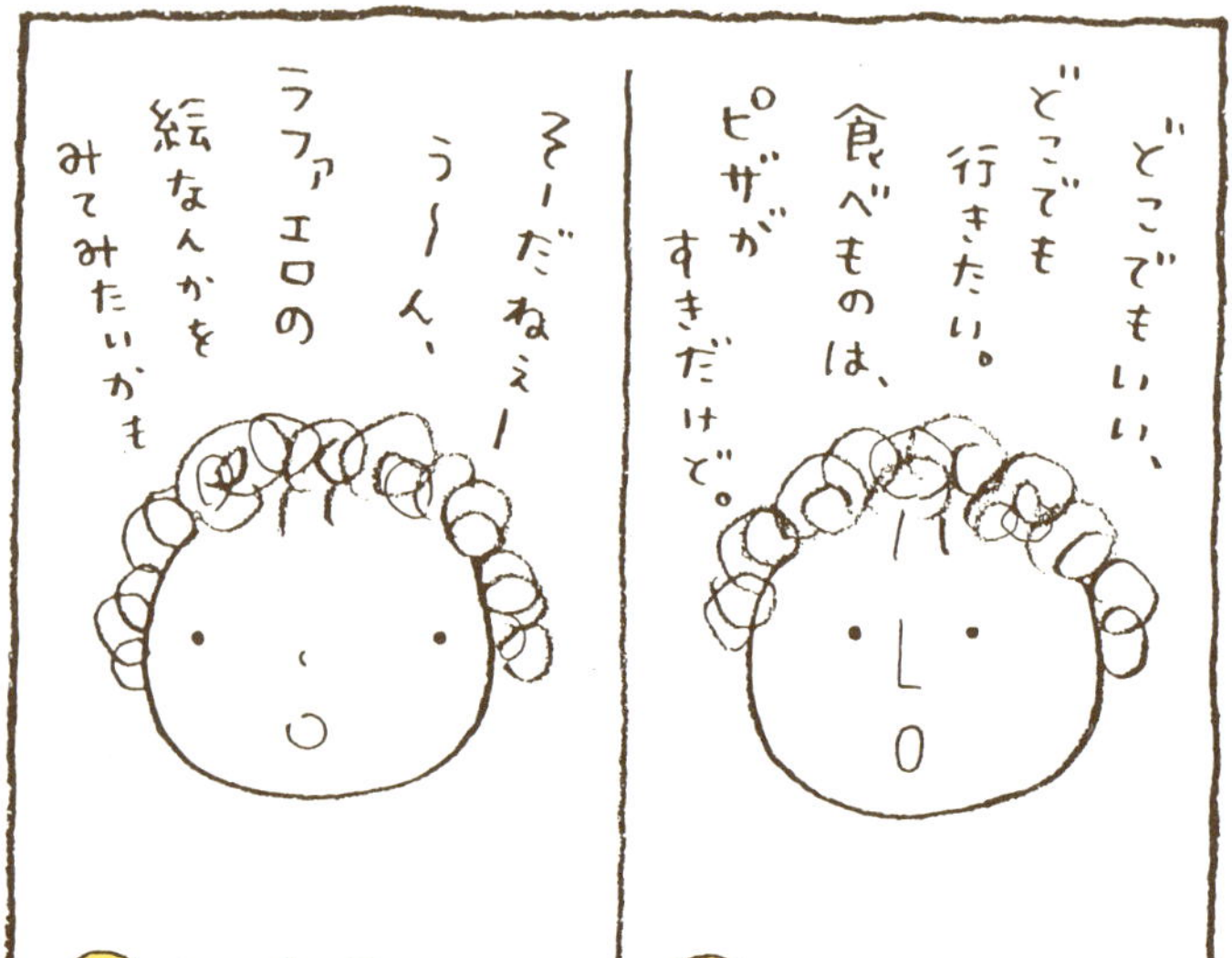
どこでもいい、どこでも行きたい。食べものは、ピザがすきだけど。
ムラマツ母、ヨーコ。
そーだねぇー うーん、ラファエロの絵なんかをみてみたいかも
なかがわ母、ますみ。

……そうか。

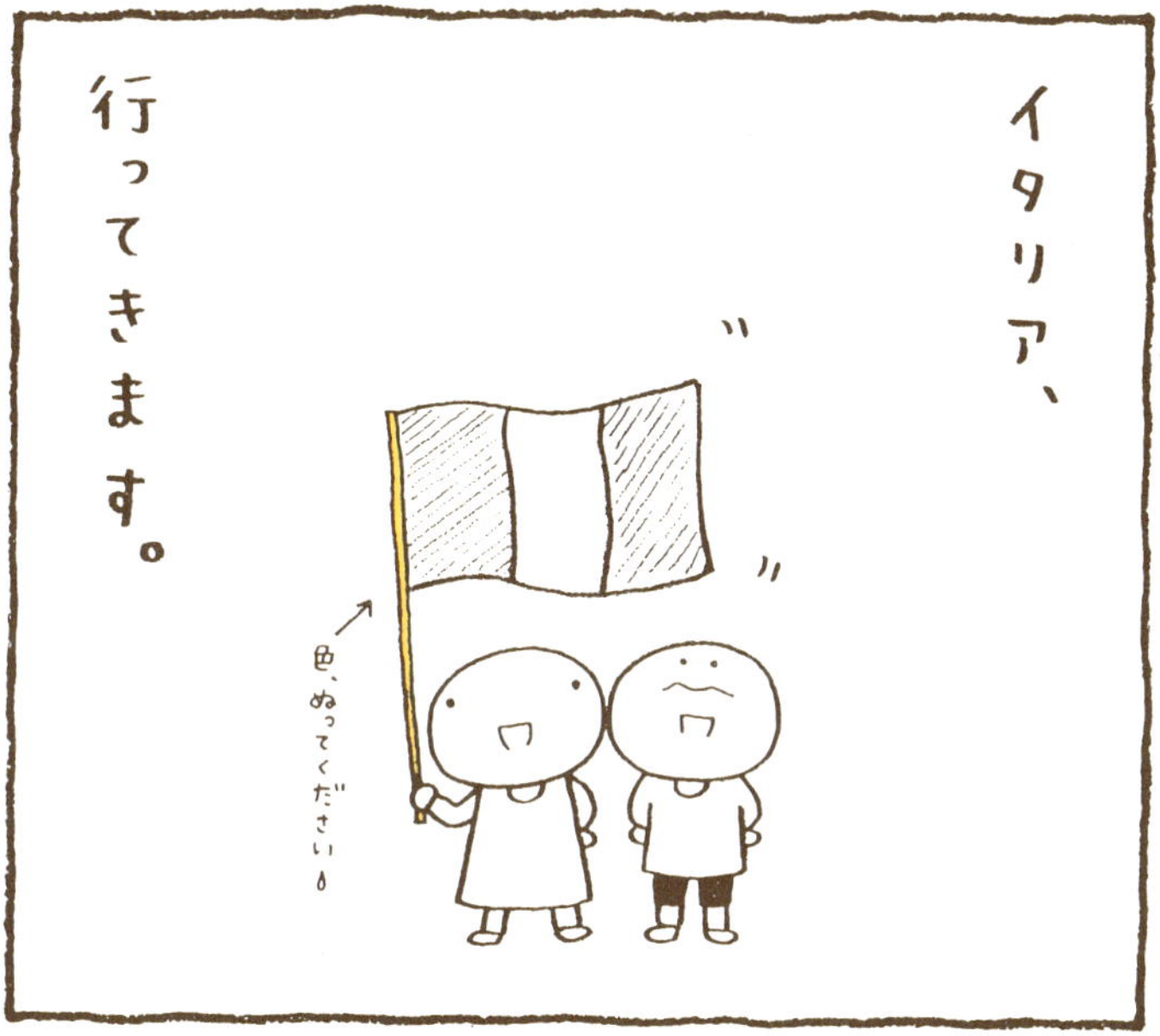
イタリア、
行ってきます。
色、ぬってください

おしまい。

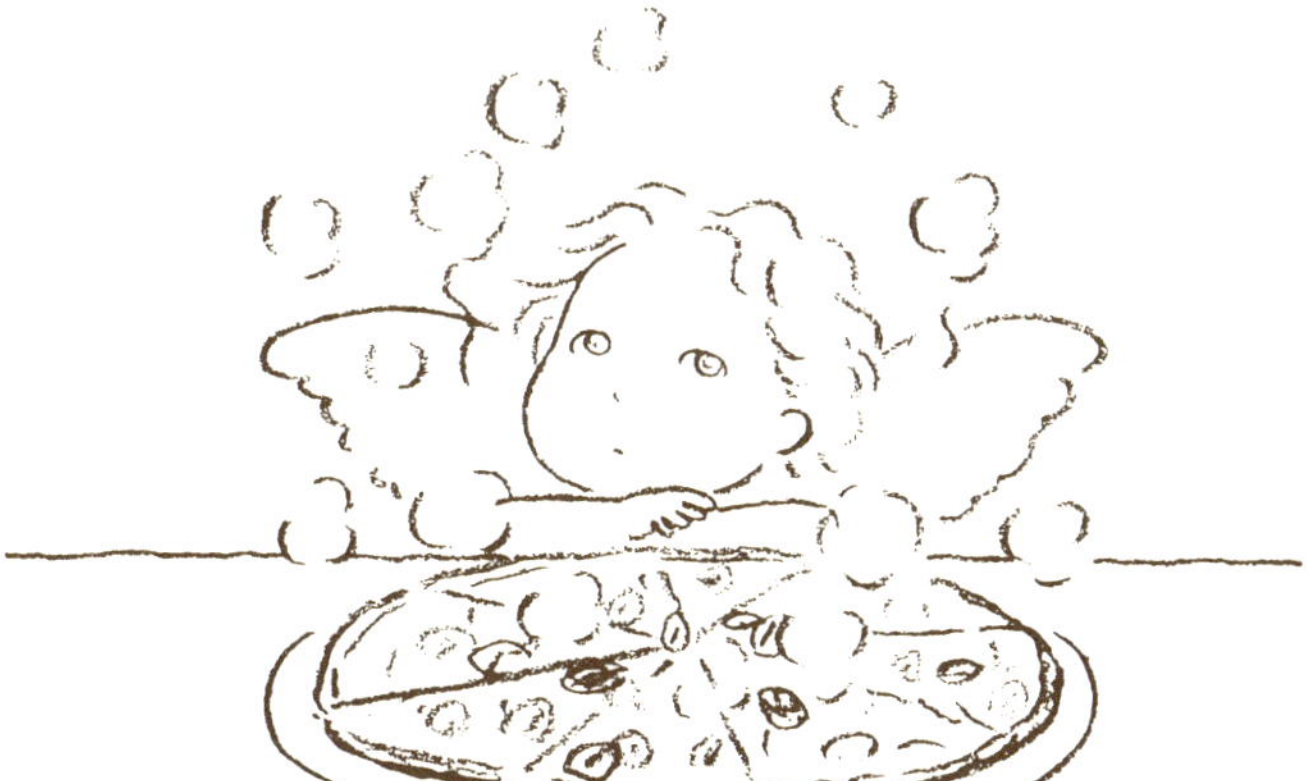

k.m.p.流、母との旅のコツ。①

旅の、はじめの 一歩。

STEP 1 まずは「行く」と、宣言しよう。

おかあさん、旅をしよ〜!!

いつかいつか、と言っていたら、いつまでも実現しないから。
おかあさんに（または娘に）、「旅をしよ〜！」と言っちゃいましょう。

STEP 2 大まかなプランを立てよう。

- いつ行く？ → まずはお互いの都合を出し合って、日にちをほぼ確定！
  季節は？ 何日間くらい？
- どこ行く？／なにする？／予算は？ → この3つは、同時に考えましょう。したいのは、どんな旅？
  （リゾートでのんびり、都市滞在で美術館めぐり、小さなまちで暮らし体験、買いもの、食べ歩き、史跡めぐり、路地裏歩き、異文化体験、現地の人との触れ合い……）

STEP 3 手続きなど、サクサク すすめちゃいましょう。

気分が熱いうちに、どんどん決めていきます。もうあとには引けません！

パスポートも、忘れずに!!

- 予約など → （パックツアー） パンフレットをたくさんもらってきて、自分たちに合ったものを探そう。「条件」が具体的に決まっているなら、ネットで探すのも効果的。
  → （個人旅行） やるコトいっぱいです。●旅程を決める ●航空券予約 ●ホテル予約 さらに必要なら、●列車 ●レストラン ●観劇 ……の予約なども。
- 情報を、あつめて まとめて。 → ガイドブックを回し読み。行きたいスポットや、やりたいコトを出し合おう。個人旅行のバアイは観光だけでなく、最低限の現地情報も調べておきましょう。
  （バスやTAXI事情、レストランの目星、両替できるところ、チップの相場、気温、物価、危険情報、カンタンなコトバ、行きたいお店……など）

STEP 4 もっていくもの、じゅんび。

気分はもう、旅。じゅんび期間は、旅そのものよりたのしかったりします。
おかあさんと一緒に、洋服や必要なモノを買いに行ったり、現地のビデオをみたり……

STEP 5 いよいよ、出発！

出発まで、体調には気をつけて。
留守の家族には、できる限りの日程や、現地の連絡先を伝えておきましょう。

「母との旅」の、だいじなコト。

おかあさんと、旅をする。

とてもたのしみではあるが……
疲れてないかなあ……
（イメージ）
たのしんでるかなあ……
……不安でもある。

ハードな旅にならないように気をつけないと。

この旅で軸となる、大切なコトは、
この4つ。

一、体調第一。
一、安全第一。
一、ゆとり第一。
一、おかあさんのヨロコビ第一。

60代のおかあさんが一緒となると、
いろいろと考えておくことがある。

具体的に言うと、こんなかんじ。
まず、

気候の良いところを選ぶ。

暑すぎず、
寒すぎず、
湿気もなく……

こんな、ムダな体力消耗は、避けたい。

そして、

中級以上のホテルにする。

すさんだホテルは心もすさむ？

うわ、急に水になった!!
ひゃっ

毎晩の、ゴキブリ退治。

こんなトラブルをたのしめというのもムリな話。

そして、なによりも、

ゆったりとしたプランづくり。

予定が崩れてもあせらない！

① ひとつのまちに、最低でも3泊。

観光スポットのほかに、まちやホテルもたのしみたい。

② 2日に半日は、予定を空白にしておく。

大事をとって、ホテルで休んでくー
じゃ、そのへん散歩してくるね

こんな余裕がほしい。

さらに、

③ 名所は、メジャーなところだけに絞る。

教会なんて、3つ目からは、目に膜がはったように飽きてくる。

たくさん行くほど、あとで全部忘れる。

④ まめに休憩、水分補給。

どろどろに疲れる前に。

ムリなく ゆっくり、プレッシャーの ない旅。

そして、

防犯対策をしっかりと。

起こりそうなコトをシミュレーションして危険回避!

① そのまちの状況を調べておく。

行かないほうがいいエリアとかあるしね。

② 病院や、いざという時の連絡先をまとめておく。

地図上でもチェック。

③ おかあさんに、「傾向と対策」を、伝授。

平和ボケとの戦いだね。

などなど、そんなことをふまえて、旅のじゅんびに入ろうとしているところだ。

で、
日数どーする？
どのまちに泊まる？
どういう順番でまわる？
美術館、どこ省く？
タクシー、チャーターしたら
いくらになる？
おみやげタイムはどこで？
この時期は寒いかも？
もちものは……

――人をつれて行く、って……大変だ。

おしまい。

ん？
お、

k.m.p.流、母との旅のコツ。②

初公開! k.m.p.の、"旅のしおり"。

日程が決まったら、オリジナルの「旅のしおり」をつくるとたのしい。
めんどくさいなら 地図をコピーして ルートに 線を引くだけでも。
でき上がったら 余分にコピーして留守をお願いする家族にも渡しましょう。

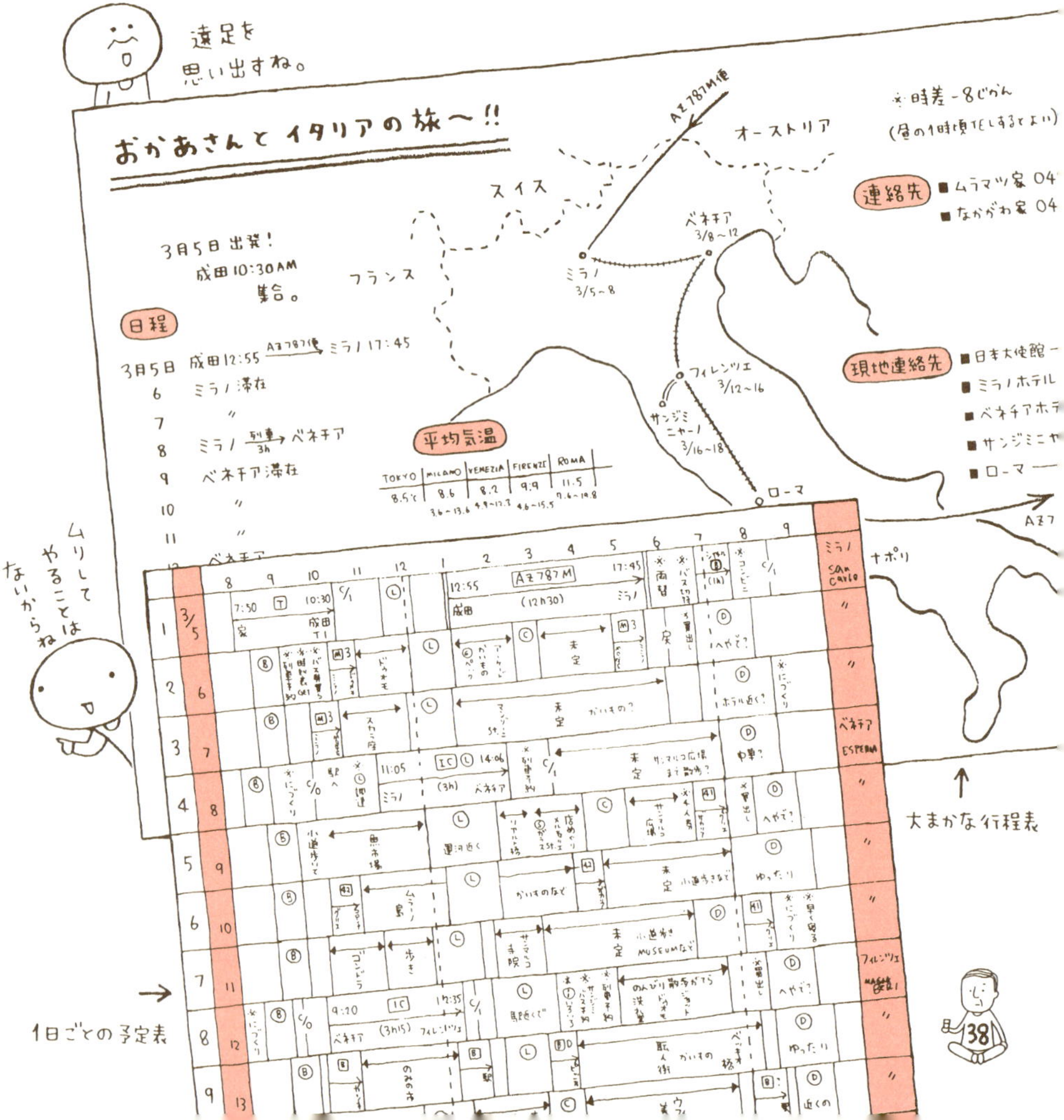

遠足を思い出すね。
おかあさんと イタリアの旅〜!!
3月5日 出発!
成田10:30AM 集合。
日程
3月5日 成田12:55 AZ787便 ミラノ17:45
6 ミラノ滞在
7 〃
8 ミラノ 列車 3h ベネチア
9 ベネチア滞在
10 〃
11 〃
スイス
フランス
オーストリア
AZ787M便
ミラノ 3/5〜8
ベネチア 3/8〜12
フィレンツェ 3/12〜16
サンジミニャーノ 3/16〜18
ローマ
ナポリ
※時差 −8じかん (昼の1時頃TELするとよい)
連絡先
■ムラマツ家 04
■なかがわ家 04
現地連絡先
■日本大使館
■ミラノホテル
■ベネチアホテル
■サンジミニャーノ
■ローマ
平均気温
TOKYO 8.5℃
MILANO 8.6 3.6〜13.6
VENEZIA 8.2 4.9〜12.3
FIRENZE 9.9 4.6〜15.5
ROMA 11.5 7.6〜19.8
ムリしてやることはないからね
大まかな行程表
1日ごとの予定表

旅のじゅんびをはじめよう。

おかあさんは、60代。
ご老体とまではいかないが、

最近ちょっと、
ひざが
痛くてね……
ムラマツ母、ヨーコ。
腰痛いっ
あ～
なかがわ母、ますみ。

なんかしら、ある。

そんなおかあさんのことを第一に考えて、旅のじゅんびをする。

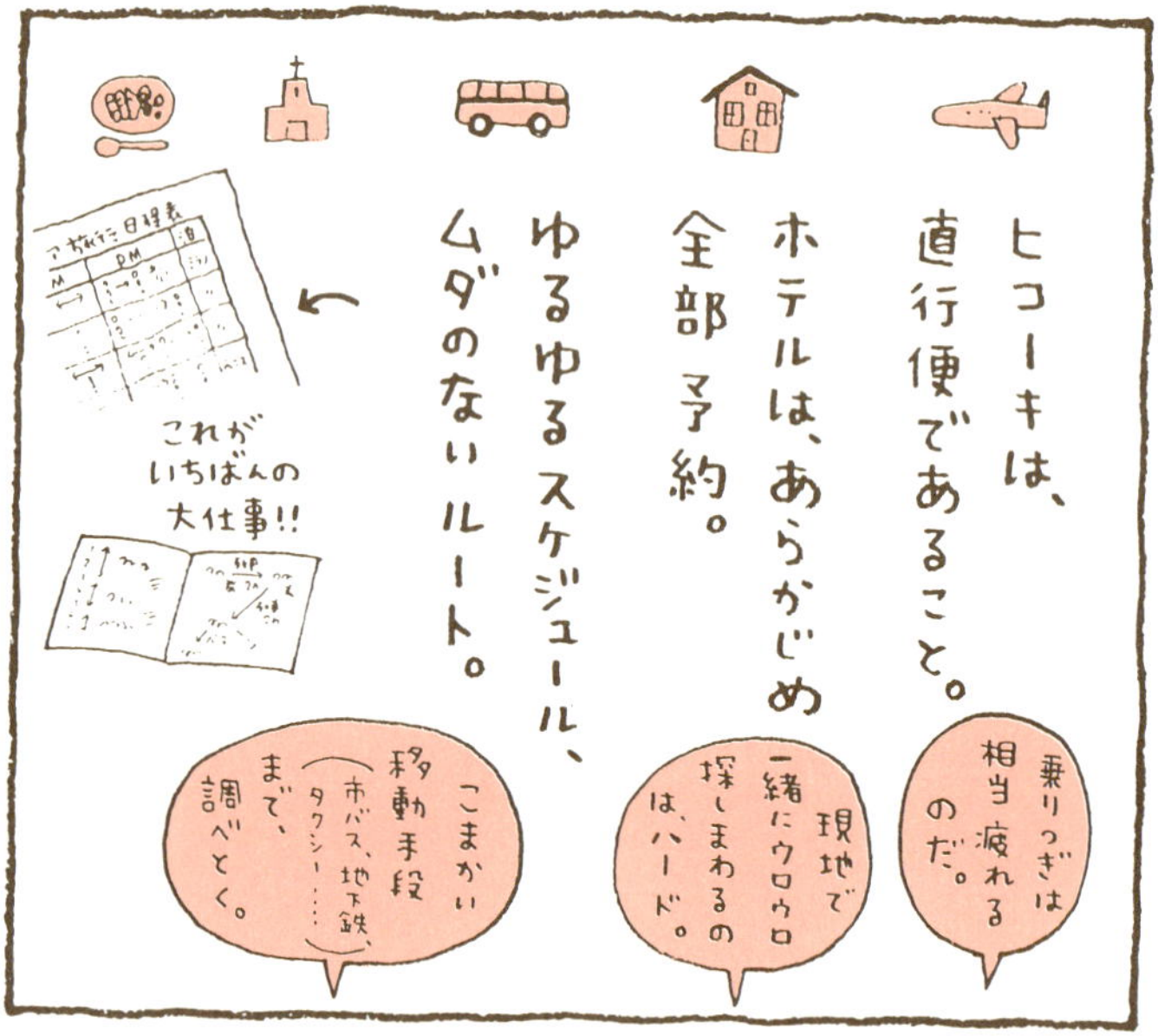

ヒコーキは、直行便であること。
ホテルは、あらかじめ全部予約。
ゆるゆるスケジュール、ムダのないルート。
乗りつぎは相当疲れるのだ。
現地で一緒にウロウロ探しまわるのは、ハード。
こまかい移動手段（市バス、地下鉄、タクシー……）まで、調べとく。
これがいちばんの大仕事!!

事前にやるコトがいっぱいである。

とくに、ホテルを全部予約していくなんて、はじめてだ。

いつもは、現地で部屋をみてから交渉をするが、今回はそれができない。
人によって言うことが違ってるよ〜。
でも場所的には便利そうだよな〜……
インターネットクチコミ情報
この写真、あやしくない〜？
ちょっとこの外観はひくなあ……
ガイドブック
旅行会社のホテル情報

ほんとかどうかわからない情報だけをたよりに予約を入れる、苦しさ。

そんな苦労を言ってきかせるつもりはないが、
この手づくりの旅にしたことの意味は、伝えたい。

この旅のいいところはね、すきなところでゆっくりできるし、体調に合わせて行動できるし……。
あのね、これがパッケージツアーだとそんなわけにはいかなくてね、疲れるんだよ～

「体調に合わせてゆっくりできる」
というところに、**ホッ**としてほしい。

しかし、おかあさんも、ただ「つれてってもらう」
というキモチでいたら、疲れるだろうと思う。

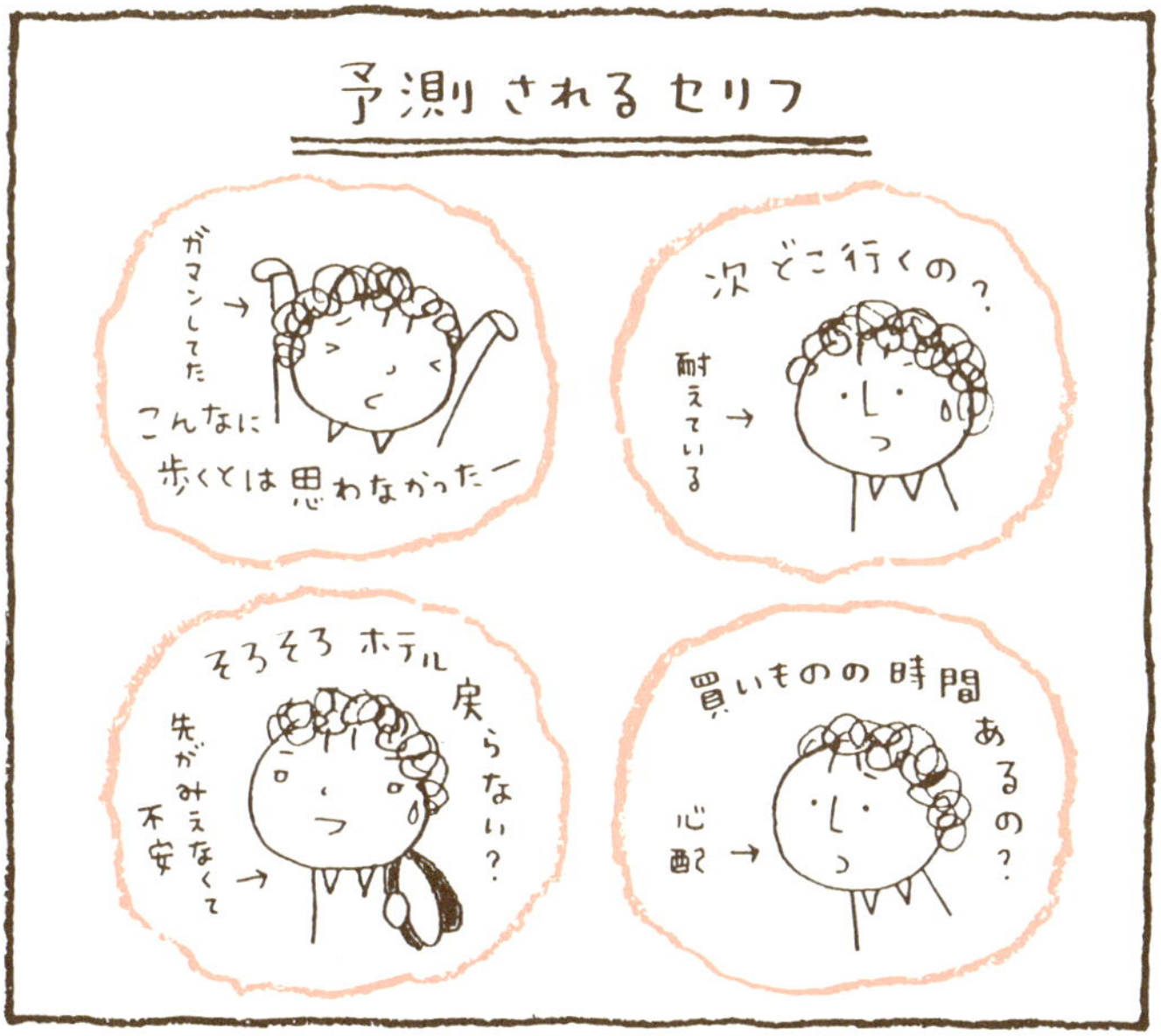
予測されるセリフ
次どこ行くの？
耐えている→
ガマンしてた→
こんなに歩くとは思わなかった一
買いものの時間あるの？
心配→
そろそろホテル戻らない？
先がみえなくて不安→

把握してないと、たのしめないものだ。

「自分も一緒に旅をつくるんだ」、と
思ってくれたら、うれしい。

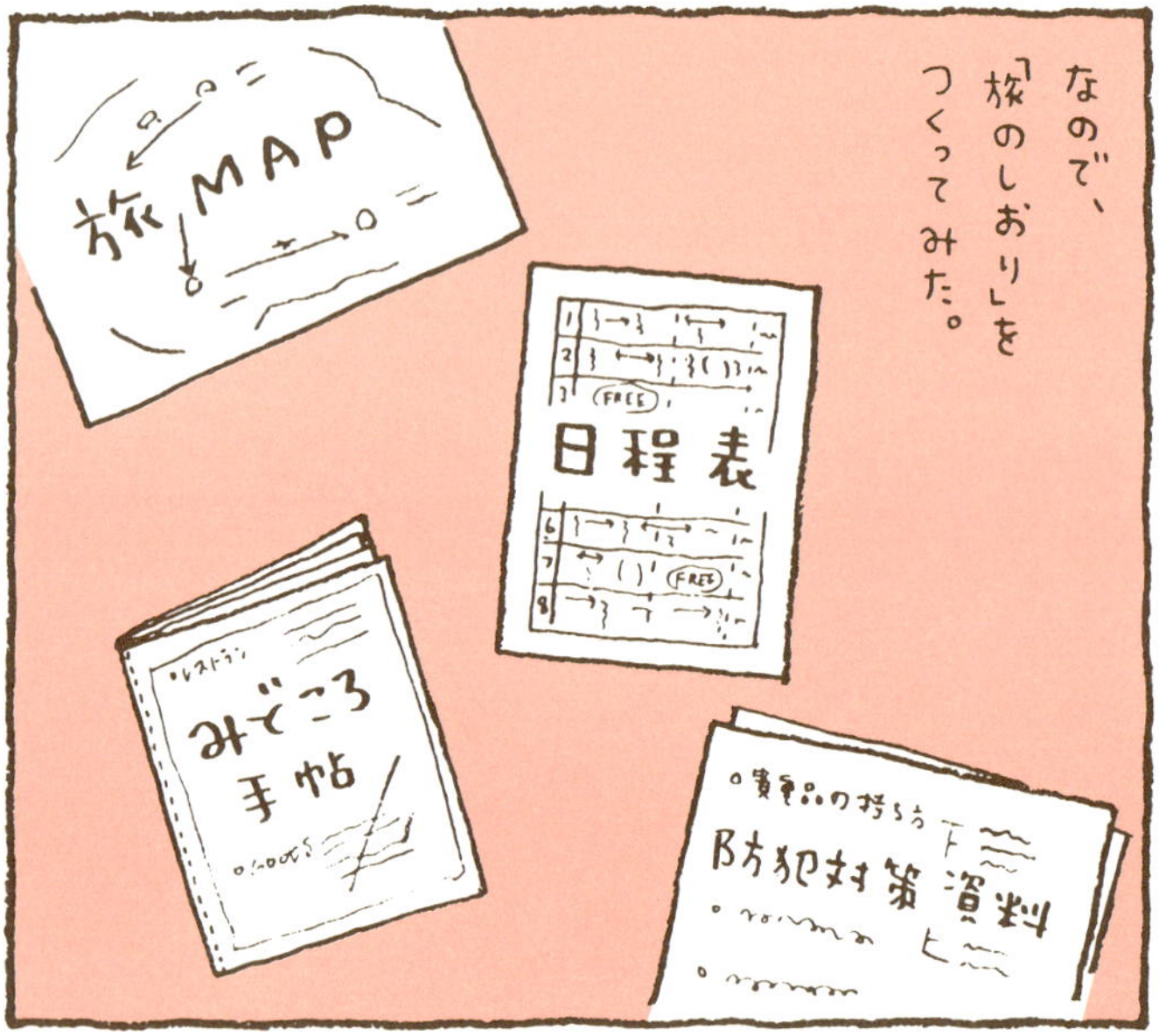
なので、「旅のしおり」をつくってみた。
旅MAP
日程表
みどころ手帖
防犯対策資料

これをみて、
その気になってくれたらいいんだけど。

しかし、人のキモチはあやつれないもので……

それよりカバンどーしよーかしらね。
ああそーだよ何着てく?
ブラウス、つくっちゃおうかな〜♡
あら、あたし、上着もないよ。

それはそれで、大事なことではあるが……

ポケットがいっぱいある服が、便利だよねー
アクセサリーなんて、つけていかないでしょ?
アクセサリーは、むこうでいいのがあったら買おうよ。
あ、そーだ、クツはどーする?

今は……スケジュールを……

おしまい。

気長にいこう……

ところでおとうさん。

おとうさんに話してみると……

イ、イタリア?!
な、なんにち?
そう、いーねぇ、おかあさんと……
……えっ
そ、そんなに?!

気になるところは、「おかあさんがどれくらいいなくなるか。」のよう。

k.m.p.流、母との旅のコツ。③

“自分だけの旅” のつくり方。

この旅で何をしたいのか、どんな旅にしたいのか、
大切なコト、これだけはゆずれないコト、ってどんなコト？……
そういう、旅のコンセプトみたいなものがハッキリしてくると、
そのためには何をしたらいいのか、がみえてくる。
そうして、だんだんと、自分だけの旅のカタチができてくる。

かき出してみよう〜 の、例。

いつもの旅とはずいぶん違うね。

おかあさんと、イタリアの旅。

大切なコト。	そのための工夫。
ゆとりのある旅であること。	・余裕のあるスケジュールにする。(←計画の段階で気をつける) ・1都市に、3泊はしたい。 ・ホテルは中級以上。そして全部予約していく。 ・日程には、2日に半日くらい、「空白」をつくっておく。 ・公園などで時間を気にせずのんびり過ごす、ゼイタク。 ・スケジュール通りにいかなくてもいい。
体調を優先する。疲れないように気をつける。	・気候のよいところを選ぶ。 ・ヒコーキは、なるべく直行便。 ・スケジュールより、体調を優先する。 ・ムダに歩かない観光順序を、事前に調べておく。 ・休憩をたくさん入れる。
絶対、事故・犯罪に巻き込まれない!!	・治安・衛生などに問題のすくない都市を選ぶ。 ・危険なエリアへは、行かない。 ・とられにくい、狙われにくいカバンの持ち方をする。 ・貴重品は、娘が預かっておく。 ・母にうんざりされても、しつこく忠告し続ける。 ・緊急時の対処法、連絡先をメモしておく。
おかあさんがよろこんでくれるコト。	・テレビでよくみるような都市や名所がいい。 ・観光は簡潔に。そしてミーハーに。 ・全部みようとするより、思いきって省く勇気。 ・「予定」より、おかあさんのキモチ優先。 ・「一緒に旅をつくってる」というキモチになれるように。 ・時々「顔色」をカクニン。 ・怒らない。

よーし だんだん みえてきたぞ

コラム 旅のもちもの!!

じゅんび編

いつもの旅とはちょっと違う、旅のもちもの、じゅんび。
今回とくに力を入れたのは……。

まずは、じゅんび編〜。

娘が、いちばん"充実"させようとはりきったものは、

部屋でごはんセット!

新しく買いそろえた、旅用の食器。

そして、活躍したのが、

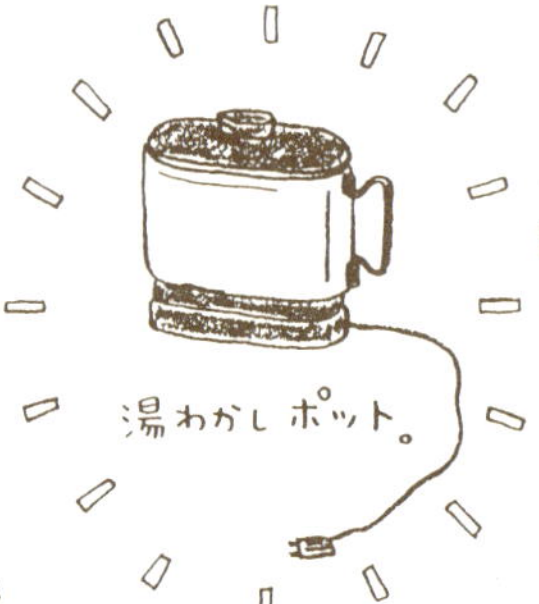

湯わかしポット。

部屋でごはんを食べる時、「レストランじゃない」からって、「簡易的な食事」な、気分になるのはもったいない。

あたたかい飲みものが充実していると、なんとなく落ち着いて、癒されるものだ。

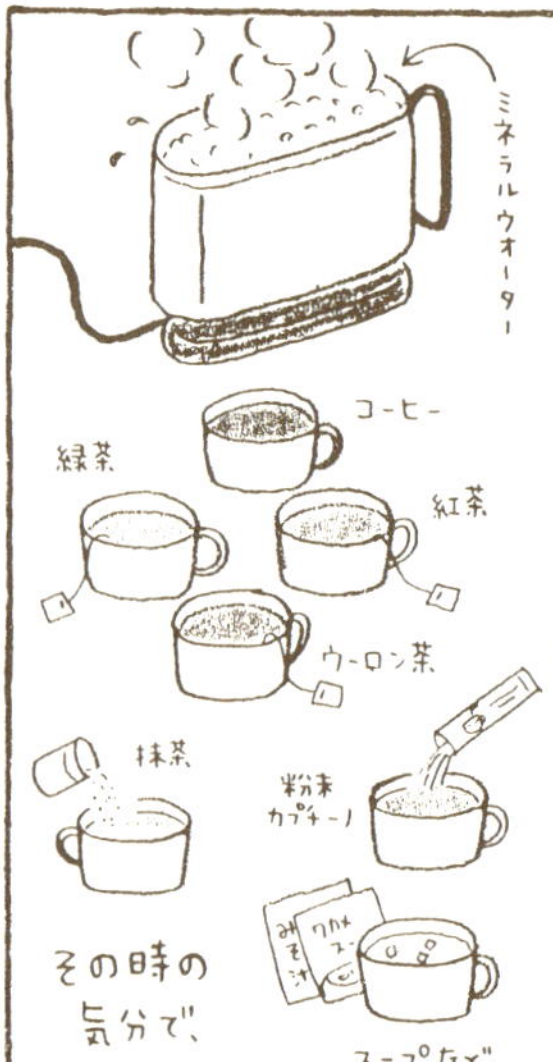

ミネラルウォーター
コーヒー
緑茶
紅茶
ウーロン茶
抹茶
粉末カプチーノ
スープなど

その時の気分で、イロイロと。

今晩は こんなんで、済ませましょ。
ブブー

一方、おかあさんが いちばん ウキウキしていたのは、
旅の服選び。
「上着」が決まるまで、毎週のように 買いものに 出かけた。
これは すごく あったかそう だねー
あ、かわいーかわいい
なにかと しょっちゅう、電話で 打ち合わせ。
服を 作ろうと 思うんだけど、スカートでも いいかなあ〜
いーんじゃない？ でも、寒いか なあ？

どれくらい もっていけば いいか。
どっちかだよね。どっちに しようかな？
その、格子の セーターのほうが オシャレかも。
着合わせは どうか。
みてみてー
どう？ コレとおそろいで、ズボンも作っちゃったー♡
あ、いーじゃん
上は 着まわし できるねー

おかあさんが たのしそうだと、
こっちもうれしかった。

すこしずつ そろえていくのが たのしくて。
履いてく、クツ。
これで行こうかと思うんだけど。
ああ
軽くて良さそーじゃん。
もってく、バッグ。
うん
これなら石畳でも大丈夫だよ。
じゃ、それにする
現地に想いを はせながら。

旅の小道具、必需品、消耗品、も。
100円ショップ
部屋履きはおそろいでコレにするか。
あら
そんなサンダルでいいの？
ドラッグストア
あったー！除菌ティッシュ♡
使い捨てカイロ、入れとくよ～
行く気まんまんになってくる。

不安な防犯対策。

「旅をたのしみにわくわくする期間」

というのも、旅の一部だと思う。

手づくりの
「旅のしおり」をもとに、
説明会をひらく。
イタリアの旅
に、カンパーイ♥

今、娘のわたしたちが いちばん 不安なのが……

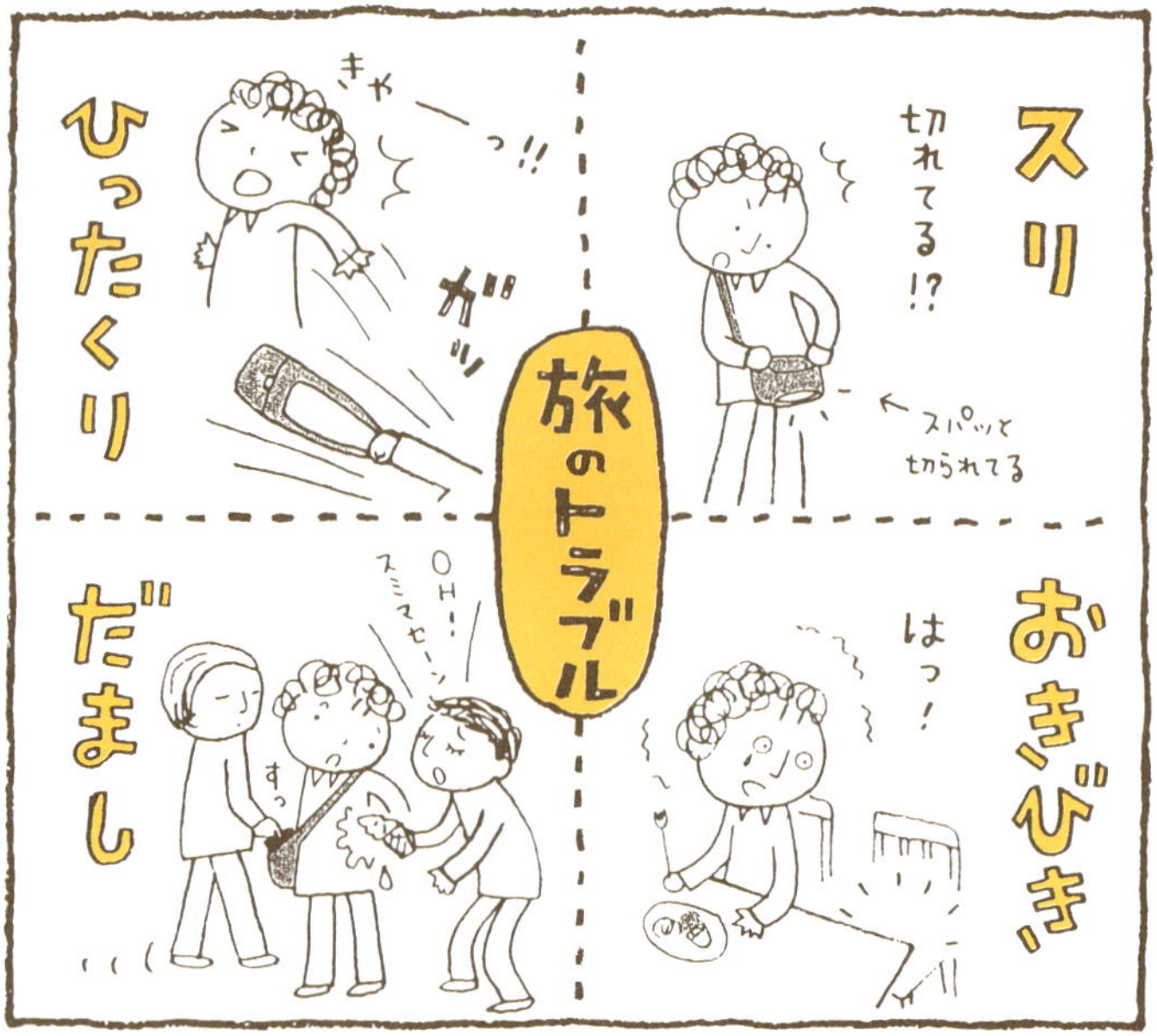
旅のトラブル
スリ
切れてる!?
←スパッと切られてる
ひったくり
きゃーっ!!
ガッ
おきびき
はっ!
だまし
OH!スミマセーン
すっ

こんなことで 旅の思い出が ひどいものになっちゃ、困る。

ぜっっっ
たい……
ヤバイ
……よね……
あわわわ
ぞぞ〜

想像するだけで、ぞっ……とする。

日本にいる時のようにはいかない、ということを、わかってもらいたい。

人ごみや地下鉄では、バッグを前に抱えてね！
それから、まちを歩く時は、バッグはたすきがけにして、その上から上着を着て、歩道の内側を歩くんだよ。

事例をまじえて説明する。

レストランで、となりのイスにバッグを置かないでね。

ひざの上に。

日本語で、フレンドリーに話しかけてくる人には要注意だからね！

ハーイ、シャシントリマショーカ？

たとえば、何かひっかけられたり、目の前で、小銭なんかをバラまかれても、その瞬間、バッグに意識をもってね。

ぎゅっ
ちゃりん
ちゃりん

しかし、さんざん説明したあとの、2人の反応とは、

やだ〜〜
大げさなんだからも〜〜っ
ほんとおどかさないでよ、こわくなっちゃうでしょう

――べつに、ビビらせているわけではない。

外国での、日本人旅行者の危険さを、知ってほしい。

日本人旅行者でおばさん、ときたら、おもいっきりカモネギなんだよ!!
そんなに心配しなくたって、大丈夫だよねーっ
ねーーっ

――ねーっ……って。

……………。

むこうでさ、ステキな革のバッグがあったら記念に買いたいんだ。
おサイフもあればいいな
あらいいねいいね、ところでピザって、おいしいのかしらね。
チーズも

たのしみにしてくれるのは
ありがたいのだが……

もうすこし
きいてほしいコトがあるんですけど……

キャー
……。

とにかく、現地でいちいち
注意するしかないようだ。

おしまい。

旅ノハジマリー。

1泊目のホテル。

成田を出て13時間、ミラノ着。

さらに、空港から
1時間半もバスに揺られ、
（思いきり渋滞にはまった。）
地図をたよりに やっと……
このホテルかな？
あったあ〜
ハアハア
MAP
――4人とも、クタクタ。

なんとか ホテルに たどり着いた。

今回の旅で泊まるのは、5都市。

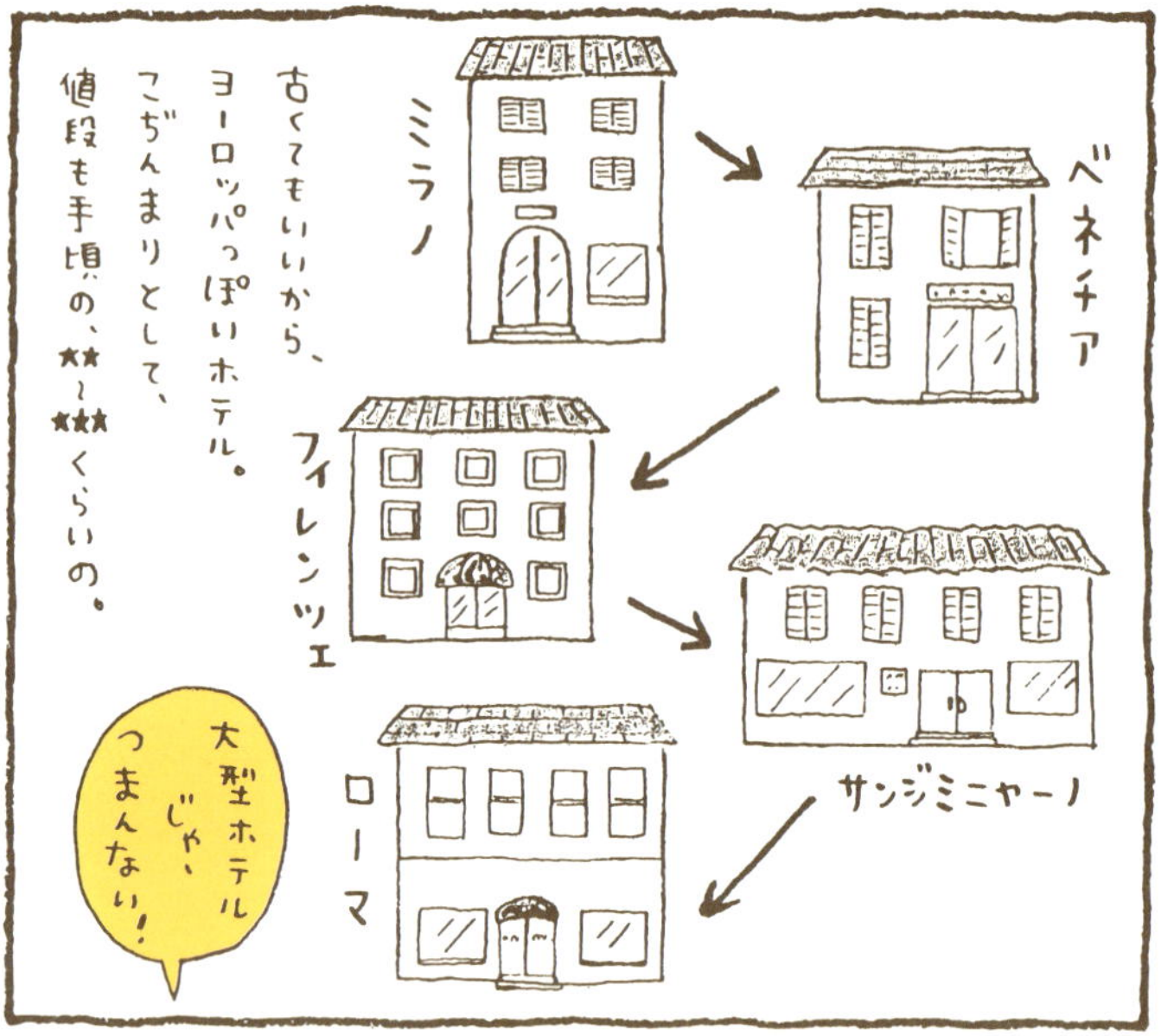
ミラノ
ベネチア
フィレンツェ
サンジミニャーノ
ローマ
古くてもいいから、ヨーロッパっぽいホテル。
こぢんまりとして、値段も手頃の、★★〜★★★くらいの。
大型ホテルじゃつまんない!

これらはすべて、日本から予約済み。
一軒一軒、慎重に選んだつもりだ。

今晩は、その、記念すべき、第1泊目のホテル。

わあーーっ広いねーっ!!
窓も大きいし、ベッドもゴーカ!
クローゼットも大きいねーっ!!

わたしたち2人の、いつものビンボー旅では、考えられない広さだ。

わあ〜♡
シーツがまっ白!!
♪〜
エアコンもあるよ〜っ!!

部屋をみないで選んだので不安だったが、
上等、上等。

そして翌朝の朝食も、スバラシかった。

ビュッフェスタイル
……。
すげ〜っ
いろんなパンっ!
いろんなジャム!!
デザートもあるよ〜
コーヒー、紅茶、ジュースにミルク。迷っちゃう〜
ちなみに……
いつものビンボー旅の安宿では、これだけ。
①パサパサのパン
②バター
③紅茶
以上。

夢のような朝食タイム!!

しかしなぜか、娘がはしゃいでいる横で、そうでもない、おかあさん。

ボー
部屋ではなんか、じーっとしてるし……
?
パンはおいしいね
案外、淡々としている。
?

あまりよろこんでなさそうな……？

これは、あとできいてわかったこと。おかあさん2人の、この時の心境とは……

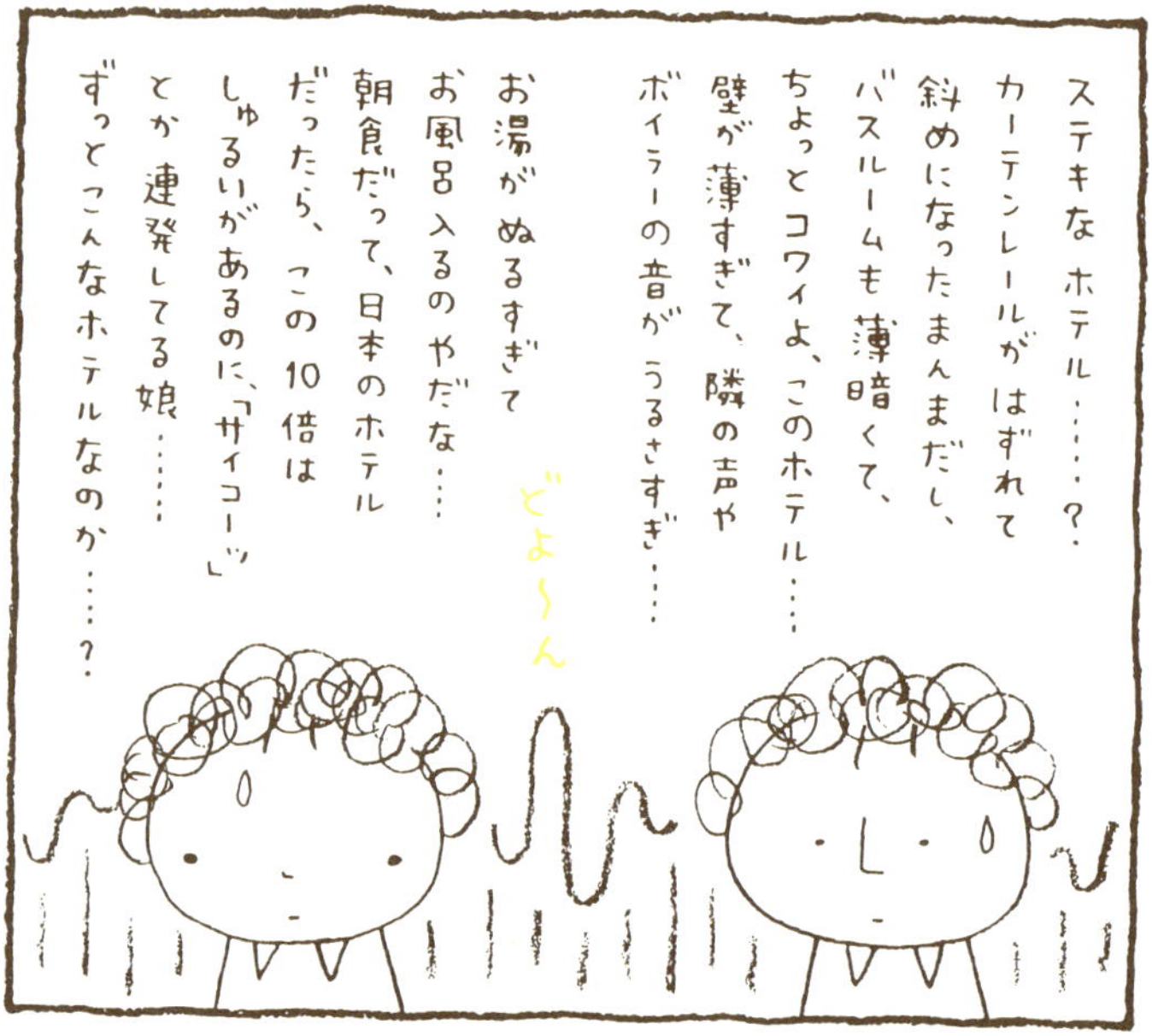

ステキなホテル……？

カーテンレールがはずれて斜めになったまんまだし、
バスルームも薄暗くて、
ちょっとコワイよ、このホテル……

壁が薄すぎて、隣の声やボイラーの音がうるさすぎ……

お湯がぬるすぎてお風呂入るのやだな……

朝食だって、日本のホテルだったら、この10倍はしゅるいがあるのに、「サイコーッ」とか連発してる娘……

ずっとこんなホテルなのか……？

どよ〜ん

とにかく、このレベルではしゃぐ娘をみて、先行きが不安になっていたらしい。

しかし、そんな キモチも知らずに、感動を伝えようと熱くなる娘たち。

いや～、快適だねえ。
いつもなんてサ～、お湯は出ないし、文句言ったら逆に怒られちゃうし！
毛布なんて、ペトペトしててサ～。
それにくらべてこのホテルは、毎日シーツ取り換えてくれるもんねぇ～！
ほ～んとよかった～♡

——レベルが低すぎることに気付いていない。

おしまい。

ボロッ
……。

ブラインドも。

k.m.p.流、母との旅のコツ。④

もちもの チェックリスト のススメ。

もちものは、旅のスタイルや、人によって それぞれですが、
下に、わたしたちの「もちものリスト」を載せましたので、参考にどーぞ。

コツ

- 自分なりの「カテゴリー」をつくって考えてみる。
- もれがないようにするコツは、現地での行動を順番に想像すること。
- 共有できるものを確認し合って、なるべく荷物を減らす。
- おかあさん用のリストも つくってあげよう。

ランラン
このリスト、「お菓子」を忘れてるじゃない〜

おかあさん と イタリア の 旅、もちもの リスト

大			腹巻
切			パスポート
系			航空券
			ホテルクーポン
			財布
	共		共同財布
			日本円
			クレジットカード
			新生銀行カード
			パスポートコピー
			顔写真
	共		保険控え
	物		テレホンカード
紙			ガイドブック
類			地図
			自作資料
			とりあえずメモ帳
			システム手帖
			スケッチブック
			チケット入れ
文			シャーボ
房			蛍光ペン
具			細い赤ペン
系			消ゴム
			ポストイット
持			ヒップハングバッグ
歩			温度計
き			万歩計
系			折り畳み手提げ
			電卓＋アラーム
			ポケットティッシュ
			トイレ拭き
			ハンカチ
			ウェットティッシュ
カ	共		デジカメ
メ	共		カード
ラ	共		充電器

便	共		ぱっちん止め
利	共		輪ゴム
小	共		クリップ
物	共		ビニール袋
	共		フリーザバッグ
	共		便せん・封筒
	共		ガムテープ
	共		ばんそこテープ
	共		ソーイングセット
	共		ワイヤーカギ
	共		S字フック
ト			化粧品
イ			はぶらし・歯磨き粉
レ	共		シャンプー・リンス
タ	共		石鹸
リ	共		洗顔石鹸
系	共		ボディタオル
	共		ブラシ
			化粧水・乳液など
			綿棒
			スポーツタオル
			フェイスタオル
			ポケットティッシュ
			ウェットティッシュ
			ナプキン
部	共		吸盤フック
屋	共		洗濯用洗剤
系	共		洗濯干し
			部屋履きサンダル
食	共		湯沸かし器
べ	共		アーミーナイフ
る	共		まな板
系	共		洗剤＆スポンジ
	共		皿・コップ
	共		箸・スプーン・フォーク
	共		調味料
	共		インスタントコーヒー
	共		粉末緑茶
	共		のどあめ
	共		パルスイート

く			靴ずれ止テープ
す	共		風邪　10回分
り	共		頭　〃
系	共		胃　〃
	共		ゲリ
	共		ばんそこ　5枚
	共		QP
	共		マキロン
	共		メンソレ
	共		シップ
	共		ビタミン
	共		とげぬき
	共		めぐすり
	共		つめきり
衣			上着
類			薄手パーカー
系			セーター
			7分袖
			タートルネック
			タンクトップ
			ジーンズ
			スカート
			靴下
			パンツ
			ブラ
		✓	寝巻用上下
		✓	部屋用スカート
暑			帽子
さ			マフラー
寒			手袋
さ			日傘
対			せんす
策			大判ハンカチ
			UV
			車ひよけ
			使い捨てカイロ
そ			おまもり
の			温泉の素
た			名刺

→ 個数もかく。

→ 共 ＝ 共有できるもの。

→ カテゴリー。

ほかの旅では、虫よけ系 UV対策系 現地調達系 ビーチ系 おみやげ（現地の人への） なんてカテゴリーも つくりました。

→ 用意できたら CHECK！

この表を、エクセルなどのソフトで つくっておけば、次の旅の時に アレンジして つかえて、便利。

60

たのしいホテルライフ。

初日のホテルではおかあさんを不安にさせたが、それ以降のホテルはステキであった。

あら〜とってもステキな家具〜
窓です。
わーっすっごくいいながめ!!

ホテルごとの特徴も、たのしんでくれてるみたい。もちろん、わたしたち"娘も、コーフンした。

おかあさんのために、ゆったりした日程なので、
部屋でくつろぐ時間も、たっぷり。

昼間、ずーっとテレビみてたり、
へんな料理番組だねぇ
体力温存日。
夕方からワインで、ちびちびやったり。
安かったけどけっこうおいしいね
うん

窓の外をみておしゃべりしたり、ぼーっとしたり、
あの人寒そーだよ
?
買ったおみやげを広げたり、しまったり、また広げたり。
コレあと3つ買いたいな

通常のパッケージツアーでは、
ありえないゆとりだと思う。

昔 体験した ツアーを思い出す。

1日中、移動と観光。
移動は長いが、観光は短い。
渋滞やら、バスの故障やらで、ホテルに着いたのは夜中。
夜11時
ぞろ、
ぞろ、
ぞろ、
それでも、予定に組まれていた「チーズフォンデュの夕べ」をこなし、
夜中にチーズかよ……
翌朝は、5時起床、6時朝食、そして、7時には出発……。
う〜胃が……
ほわあ〜

こんなのの くり返しだけは 避けたかったのだ。

それにくらべたら、まいにちが ちょっとした暮らしみたいで、たのしい。

もっとちゃんと絞って
はい
まとめておせんたくしたり、
あ〜、さっぱりした
お、交代〜
晩ごはんの前にお風呂に入っちゃったり。

スーパーで買ってきたおやつを食べたり、
ツン
これなーんだろ
とりあえずひと眠りしてみたり。
ZZZz…
ZZZz…

そして、夜の恒例。

あ〜いい気分だ
もみもみ
足もみ。
あ、
そこそこそこー
腰もみ。

ーー明日に備えておかあさんにご奉仕。

これもまた、貴重な時間だと思う。

おしまい。

お部屋でつくる、ごはん。

旅をしていて何がたのしいかって、まずは、やっぱり、「食べること」！

レストランで食べるのもたのしいけど……

ホテルのお部屋でごはん

も、たのしい。

お部屋でごはん、とはいっても、部屋に料理を運んでもらう、なんてことではなく、

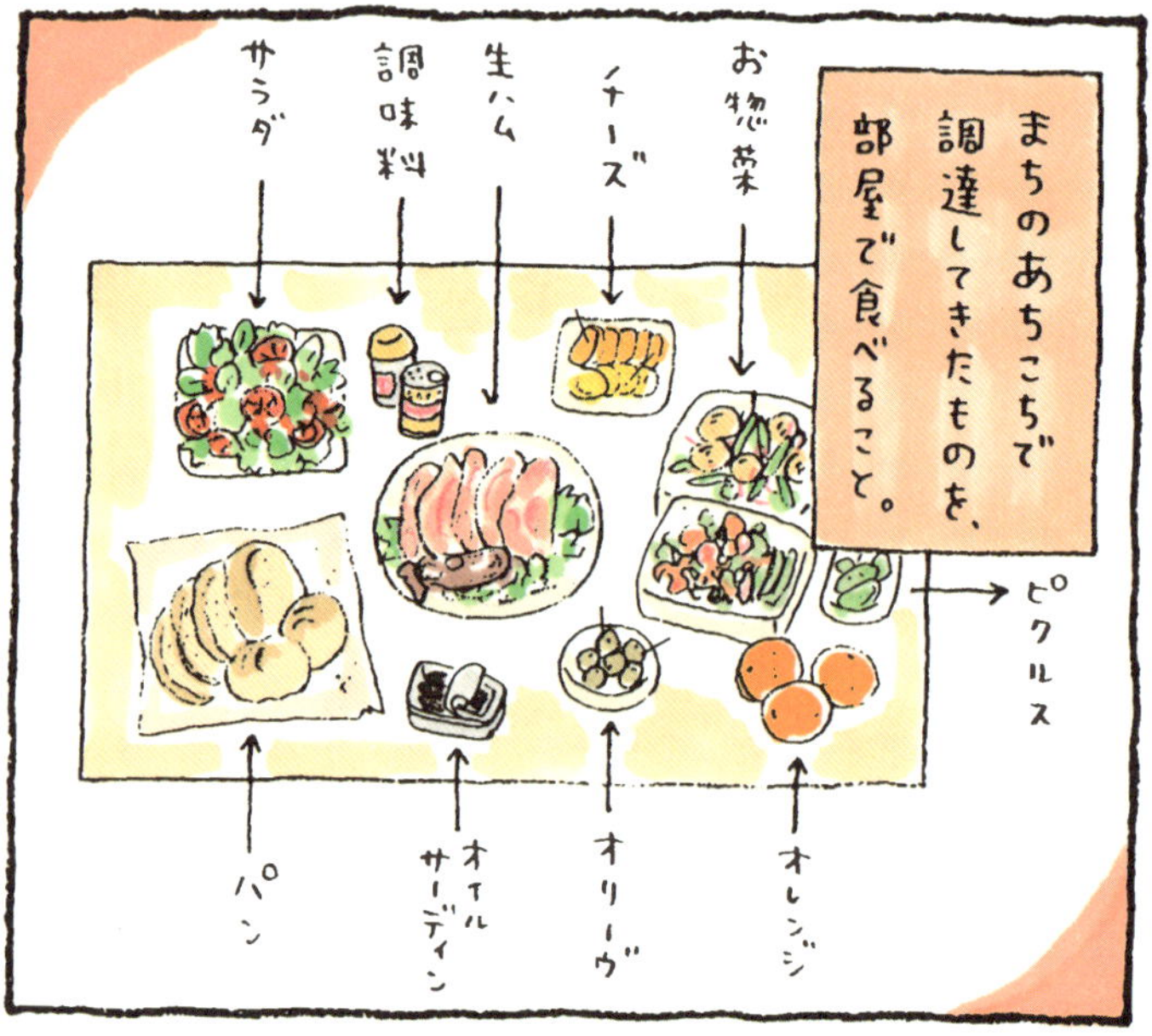
まちのあちこちで調達してきたものを、部屋で食べること。
お惣菜
チーズ
生ハム
調味料
サラダ
ピクルス
オレンジ
オリーヴ
オイルサーディン
パン

それは、
観光の途中で気になって買ったものだったり、

市場で、野菜、果物、乾物など。
トマトがうまそーなの!!
お惣菜やさんで、マリネ、揚げもの、グリルもの。
100gずつ、いろんな種類ね。

まちの人にまじって、
スーパーで買い出ししたものだったり、

いろんなチーズ、生ハム、パン、カット野菜に、調味料、ワインや水、なんでもそろう。
おっ、アーティチョークの缶詰だって!買ってみよう〜
わ〜
このジャムつけてみたい。

そうやってあつめた食材に、
ちょっとだけ手を加えて晩ごはんをつくる。

たとえば、
ベビーリーフと
トマトで、サラダを。
オリーヴオイルと
塩・こしょうで、
ドレッシングを。
いろんなチーズを、
いろんな切り方で。
「サムライ」
という商品名の、
つまようじ。

お惣菜や、
オリーヴの実なんかを
ならべて。
まいにち
違うパンを
たのしもう。
近所で
買えば
あったかい
パンを切って、
飲みものを じゅんびして。

それらをテーブルに敷きつめるようにならべて、
あとは各々、すきなように。

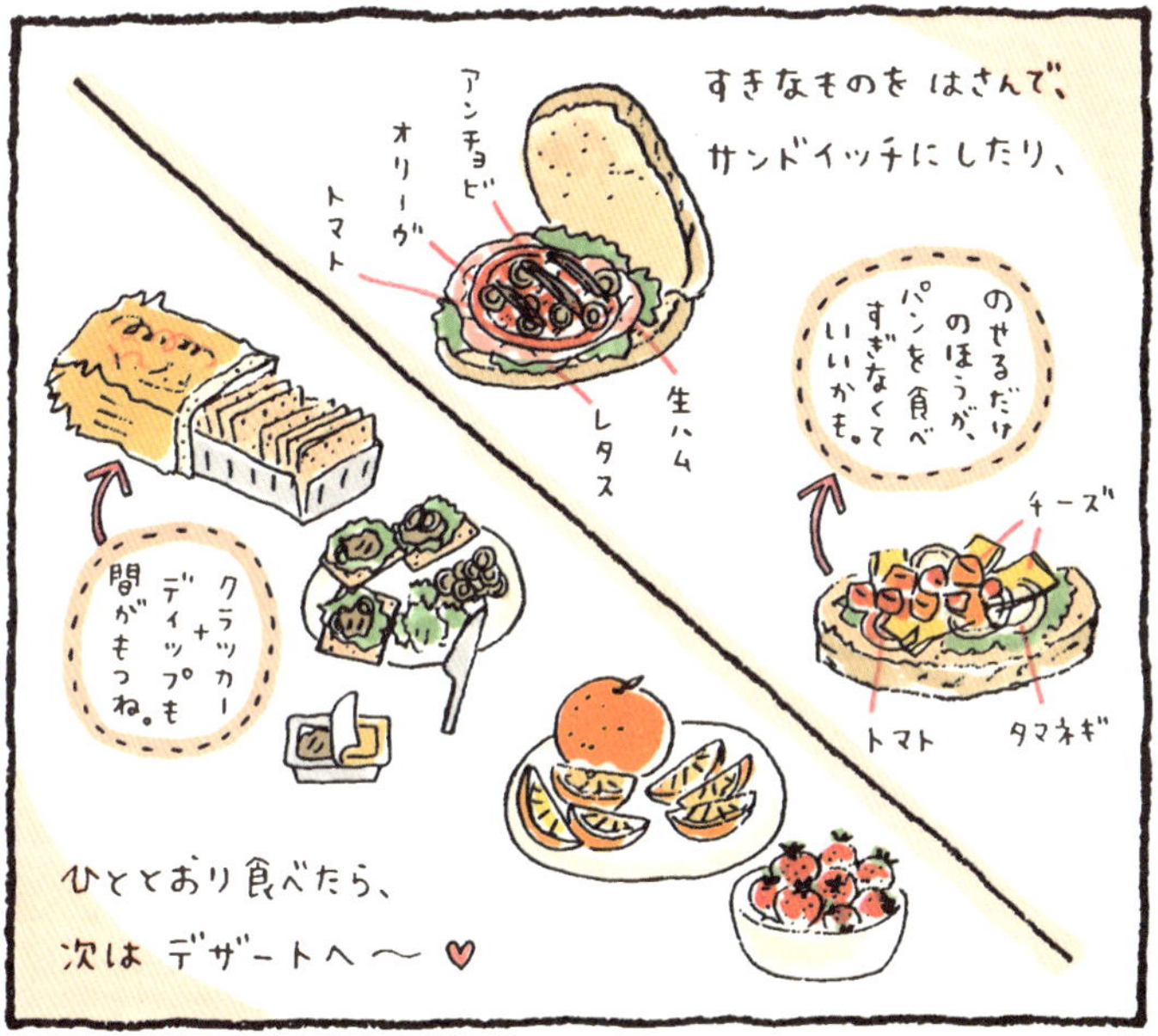

すきなものをはさんで、
サンドイッチにしたり、
アンチョビ
オリーブ
トマト
生ハム
レタス
のせるだけのほうが、パンを食べすぎなくていいかも。
チーズ
トマト
タマネギ
クラッカー＋ディップも間がもつね。
ひととおり食べたら、
次はデザートへ～♡

毎晩ちょっとしたパーティのようになる。

つい夜ふかししちゃうこともある。

こーゆーのたのしーねー
帰りたくないねー
まだ2日めだよ。
。～
食後のコーヒー（ワイン）。

「4人で旅するたのしさ」を、
すご～く実感できる時。

おしまい。

ところでおとうさん。

ひとり、テレビ、つまみ、酒。

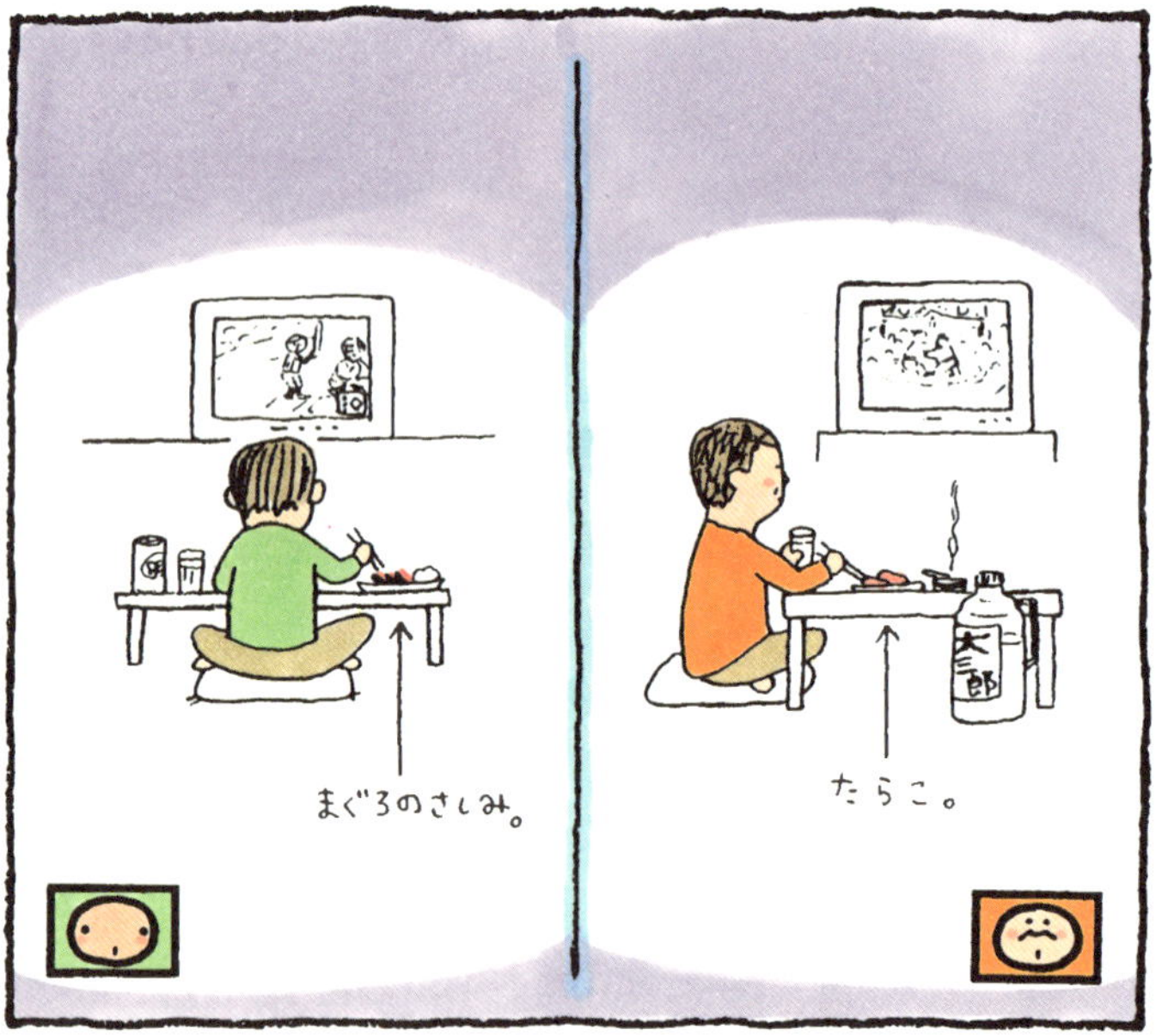
まぐろのさしみ。
たらこ。
太三郎

そのころ、おとうさんは……。

母の、ホテルランキング。

帰国してから、おかあさんにきいてみた。
「どこのホテルがいちばんダメだった？」

ミラノかな。
ダメっていうより、こわかった。
ミラノ。
それ以外はよかったよ。

——答えはおなじ。
やっぱり例の、1泊目のホテル。

というわけで今回は、ホテルランキング〜!!

泊まったホテルは、5カ所。

フィレンツェ
ベネチア
ミラノ
ローマ
サンジミニャーノ

おかあさんにききました。

前述の通り、どれも個性ある、こぢんまりしたホテル。

では、第5位!!

最下位ともいう。

ミラノの、1泊目のホテル。

さむ……い……

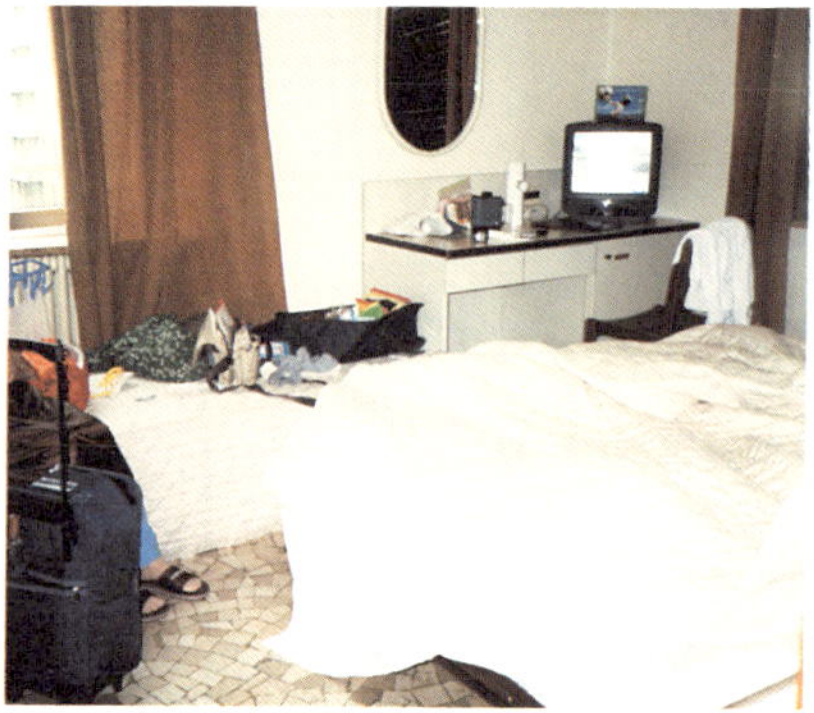

お風呂のお湯は出ないし、なんかさみしい気分のホテル。

「ずっとこのレベルなのかと思って心配したよ、ほんとに。」

「たしかに、古いビジネスホテル風だったね。」

続いて第4位!!

ローマの、駅近ホテル。

テルミニ駅がすごーく近くて、どこに行くにも便利〜。

「キレイだったけど、よくおぼえてないのよね〜」

「良かったけど、都会のホテルってかんじ？」

さて、第3位!!

ベネチアの、アットホームなホテル。

5階なのにエレベーターがないのがキツかったけど♪

「ちょっと狭かったけどかわいい部屋だったよね。」

「ホテルの人とも、仲良くなれたしね。」

いよいよ、
第2位!!

サンジミニャーノの、絶景ホテル。

ここは ちょっと フンパツした ホテル。

屋根裏部屋をイメージしたような、かわいい内装。
そして、窓から見下ろす、トスカーナの大パノラマに釘づけ。

「窓からのトスカーナ地方のパノラマ、忘れられないね。」

「部屋に案内された時、思わず拍手したもんね。」

そして、
第1位!!

フィレンツェの、凝《こ》ったホテル。
内装の

お風呂上がりも
用を足したあとも、
ステージから降りてくる
気分だったよ。

「部屋のつくりがおもしろくて、たのしかった!」

「ムラマッチームの部屋も、ステキだったね。」

この第1位の
フィレンツェのホテルは、

こっち。
朝食のビュッフェも、種類が いちばん豊富だった。
バルコニーから、ドゥオモが 見えたり

いちばん長く泊まっていたところでもある。
それだけに、思い出も深いのかもしれない。

ちなみに、娘のつけた順位も
おなじではあるが……

これまでのビンボー旅の 安宿にくらべたら、どのホテルも スバラシすぎるものだ……
冷静に考えたらどれもこれも1位だね、あたしたちには。
ほんとだよ。ランクなんかつけたらバチがあたりそうだよ。

写真をみながら
しみじみするのであった。

おしまい。

コラム こんなお部屋で寝てました。

ちょっと、紹介版

おかあさんと2人で、いちばん長く過ごした空間。こぢんまりだけど、かわいかったお部屋。

トスカーナのパノラマを拝めるのは日没まで。あとはまっ暗になっちゃう。

バス・トイレが、部屋の高いところにあるなんて、ちょっとたのしい。

壁も絵もピンクのお部屋。

おかあさんはよく、このすき間に落ちてた。

天井が低めの、
屋根裏部屋風。
窓辺のオイルヒーターで、
いつまでもぬくぬく。

食卓として
とても便利だった
テーブル。

サーモンのマリネと
野菜を合わせて、
サラダに。

スーパーで
買ってきた、
お皿つきの
生ハム。

マンガに出てきそうな
ハムと白パンで、
サンドイッチをつくる。

バスルーム、
いろいろ。

今回の旅の
せんたく洗剤は、
液体アリエールに
してみた。

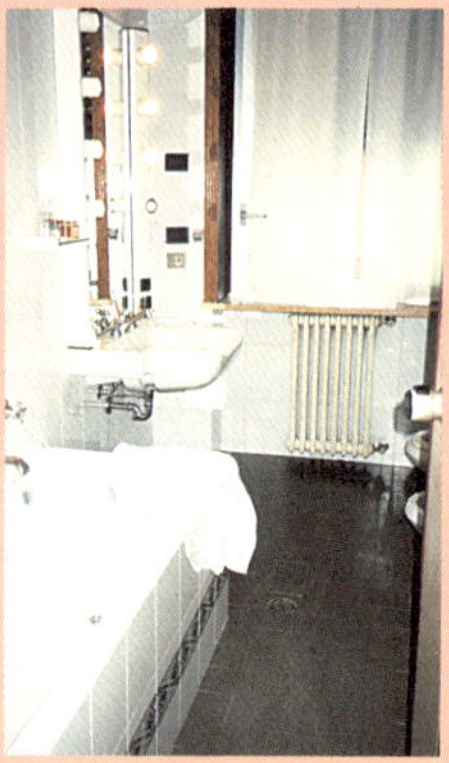

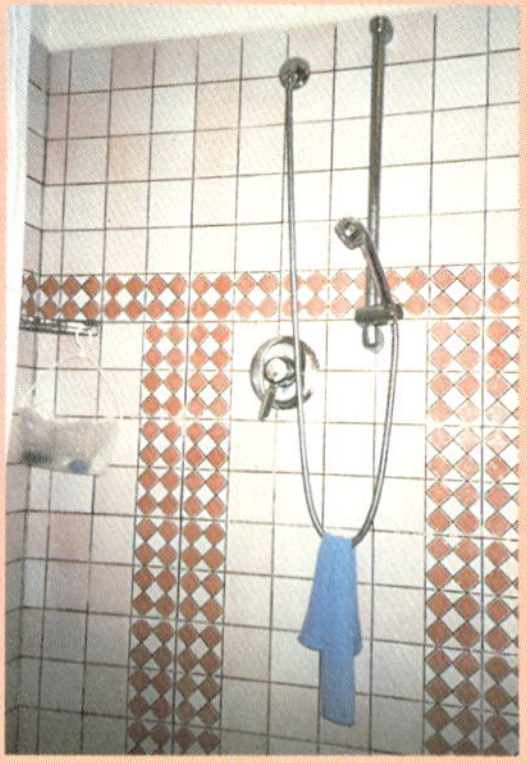

シャワーはやっぱり、
固定されてないのがいい。

せんたくものは
かたーく絞って、
まずは
バスルームに
干しておく。

わたしたちには、
ただじゃまくさいだけ
だった、ビデ。（右）

ホテルの窓からみてたもの。

ワイヤーにかけて、スルスルと干していくせんたくもの。旗みたいでかわいかった。

ドウオモがみえたのは P75

目の前に、ローマのテルミニ駅。人の流れを みながら、おかあさんとおしゃべり。

サンジミニャ〜ノの　カシャ

ホテルの　カシャ

窓から。　カシャ

旅ノヒトコマ。

?
うとうと
風呂上がり
バンッ
突然、ノックと同時に乱入してきたポーター。
「電球を替えにきた。」と言うが、こわいじゃないか。

旅ノヒトコマ。

備品のシャンプーのフタが、なぜかあかない。
ほんほひ はほなひ
あがが うぐぐ
ほーはっ へんほ ほへ……
親子の歯型で
ボロボロなフタ。
結局、あきらめました。

娘は、先発隊!!

旅をスムーズに行うために、先回りをする係を、「先発隊」とよんでいる。

その目的は、言うまでもなく、

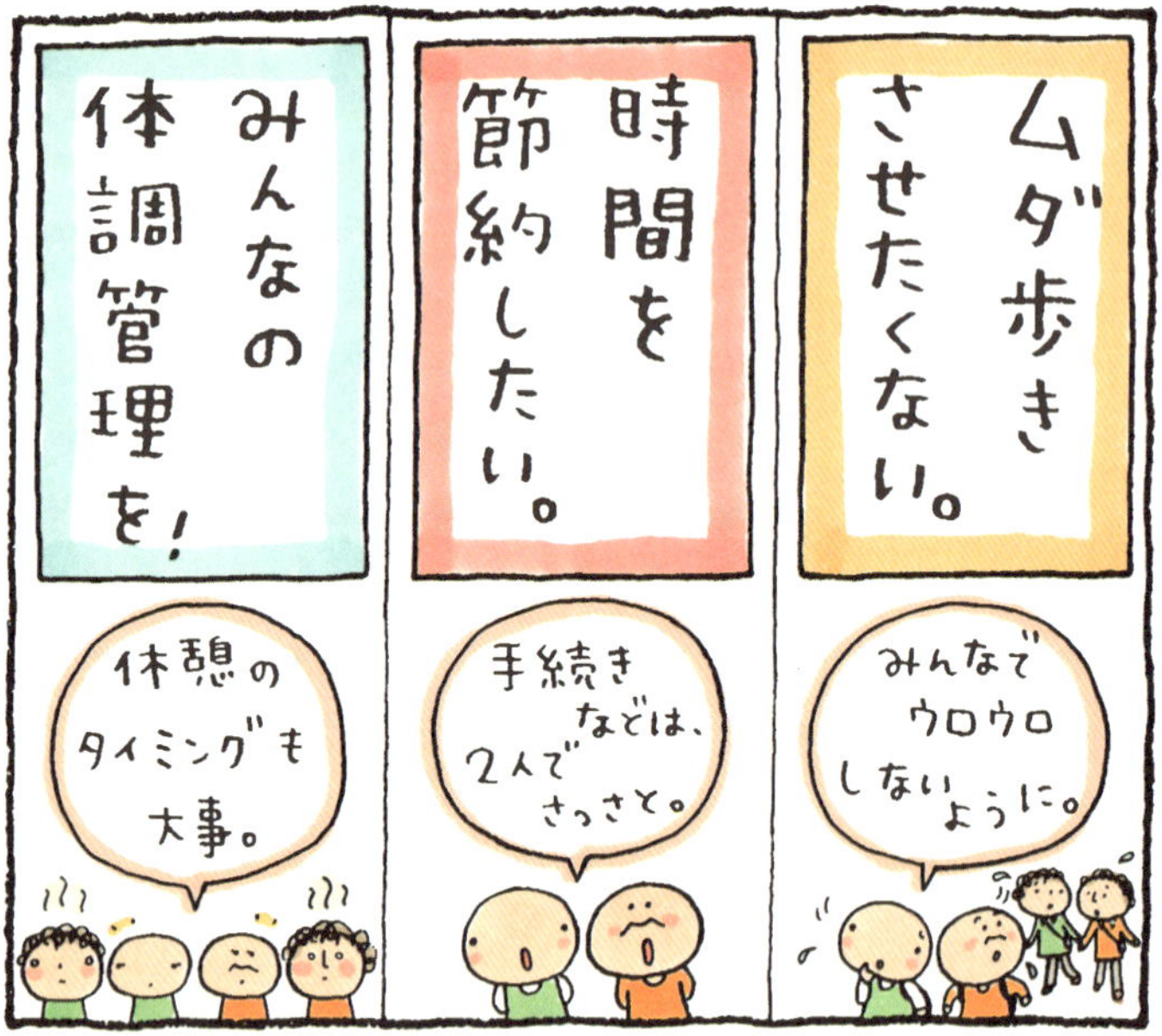

ムダ歩きさせたくない。
みんなでウロウロしないように。
時間を節約したい。
手続きなどは、2人でさっさと。
みんなの体調管理を!
休憩のタイミングも大事。

前もっての手続き、先回りしてチェック、とにかく、ムダのないよう、疲れないよう、というオシゴト。

では、その任務とは、具体的にはどんなことか。

まずは、手続き的なコト。
チェックイン、チェックアウト、ホテルの決まりなど、イロイロ。
ここにサインを、
朝食は7時から。
なんかつまってて流れないよ〜
じゃ、フロントに言ってくる
クレーム伝達係。
トイレの水流、弱すぎない!?
たいていそんなもんだよ
クレームもみけし係。

列車の切符を買う。
インフォメーションで、地図、路線図、開館時間など、情報収集。
予約しますか
ん〜
バスの時刻表、チェック。
地下鉄のりば、チェック。
あった〜 ここが近いね

そして、

こんなコトを、先回り。
散策コース考えて、道の把握。
この道よさそう。ちょっとみてくる?
「おもしろいかどーか」チェック。
どーだった?
だめ〜、つまんな〜い
トイレ&休憩所案内。
ここで1回、トイレ行っとこー
カフェはまだ先だよ

うちのおかーさん、ちょっとムリかも…
顔色チェック、予定変更。
このスーパー、つかえるよね
スーパーやみやげ屋のめぼし。
メニュー、チェックするね
レストランの、めぼし。
おやつや晩ごはんなどの食料調達ー。
あと、チーズ買ってったらよろこぶよねっ

以上のようなことが、先発隊の、主な任務だ。

案外、大忙しである。

おーい、ちょっとこっちこっちーっ

と、いうワケで、
ここで呼び出しがありましたので、
わたしたちは任務に戻ります。それではっ!!

おしまい。

みてほら おとうさんに そっくりな人が いるの――っ
ハア、
ハア、
ハア、
ハア、
ハア、
……ハア?

k.m.p.流、母との旅のコツ。⑤

リストづくりの、ヨロコビ。

たくさんのガイドブックを読んで頭が混乱してきたら、
自分だけの「オリジナル旅ナビ本」をつくることをおすすめします。
書いてまとめることで、頭の中が整理されるし、
現地でもすぐに情報が取り出せる便利な1冊になると思います。

情報をまとめるとかー。

いち

自分に必要そうな情報をあつめたら、それを、
自分がみやすいように、リフィルに書き直してみる。
システム手帳に入れて持ち歩けば、
どんなガイドブックより役に立つと思います。

- みどころリスト
- レストランのコツ・マナー
- チップの相場
- MENUの見方
- 洋服サイズ表
- 主なスーパー
- TAXIのコツ

日記や出納帳も入れれば、
さらにPOWER UPしたものに!!

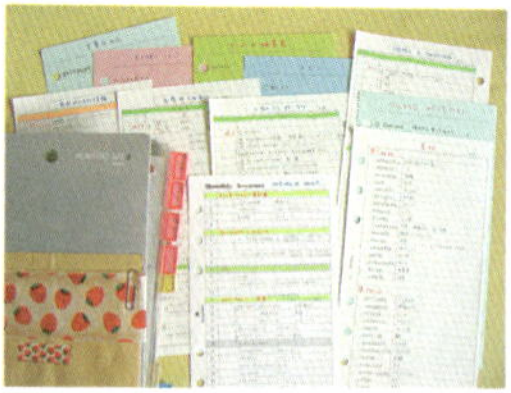

やるコトリストをつくったりしてー。

に

やり忘れ、買い忘れ……がないように、
リストをつくって、おサイフの中に入れておこう。

- やってみたいコト
- 食べたいもの
- 行きたいとこ
- おみやげリスト
- レストラン目星リスト……

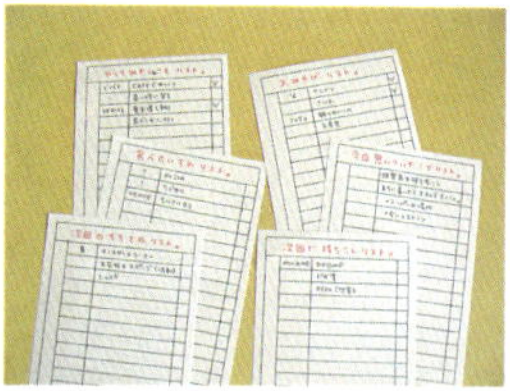

旅の途中でも、思いついたことがあったら、
「次回の旅のためのリスト」というのもつくろう。

- 今回思いついたコト
- 次回もってきたいモノ
- 次回にもちこしリスト……

1日の予定表……なんて、あったら便利？

さん

きちんと予定を立てないと不安という人は、
1日の行動を時系列で書いた表をつくろう。
[1]であつめたレストラン情報なども、ここに
書き込んでおけば、情報の見忘れを防げます。
（でも、予定外のことが起こってもパニクらないような、
余裕のある日程を立てましょう～）

ページ式のクリアファイルに入れると便利。

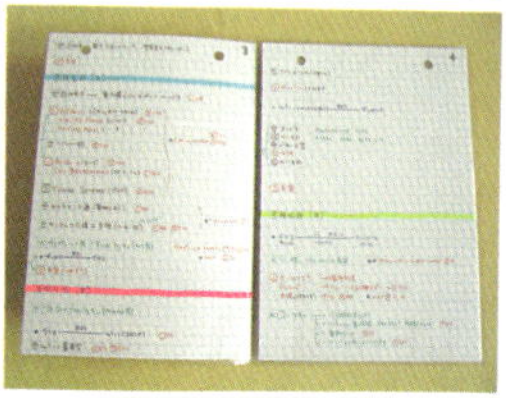

母がお望みならば。

「先発隊」とはいえ、見込みがはずれることもある。

あいてる あいてる
ほら ここ あいてるよ。ちょっと座ろ〜。
ベネチア サンマルコ広場
あー〜っ そこはっ!!
「休憩用のテーブル」じゃなくて、「カフェ」なんだよ〜!!
うわ〜〜! 店内よりも、テラス席のほうが、飲みものも高いんだぞ〜……

観光スポットのカフェは、ムダに高い……ので、予定に入っていなかった……。

……が、座っちゃったから、しょうがない。

カプチーノ♥
高い。→
エ、エスプレッソで……
安い。→

ちょっと座って、これだけでなんと、4千円也。

そして先発隊は、前もっておかあさんの希望をきいてから、探しまわることもある。

今日のランチは、何が食べたい？
パスタ？ピザ？それとも……

おかあさんをカフェに残し、
先発隊、出動。

付近のレストランを探し、
メニューもチェックする。

そしてなんとか……

おっ、おかーさんっ
あったよ
あったよ、
いいお店
がっ!!
ハァ
ハァ
ハァ
ハァ
ほんとにー
あら
よかった。
おかあさん、何にする??
でーっかい エビでも
いいよーっ!!
そ〜ね〜

今日はフンパツするから、エビでもホタテでも、なんでもこい。

あっ♡
おかあさん、これがいいっ!「仔牛の骨付肉っ」♡
……うし?

おしまい。

コラム こんな食べ方、してました。

シチュエイション別

どんな時に、どんな風に、何を食べたか。では、4人のつぶやきと共に、記憶をたどってみましょう。

レストラン。

お店でガツンと食べるのは、たいてい、ランチ。こんなのを夕食にしてたら、4人とも大変なことになるから……。

となりの人の食べているものが おいしそうだったので、料理名を おしえてもらった。

それはどれですか？
え〜と たしか…

平打ちパスタはどれもおいしかった。

ニョッキって おいしいんだね。
食べてみて よかったねー
ほんとほんと。
ピザと パスタは ハズレも あったけどね。

食べ歩き。

まち歩きでみつけて気になったものは、なんでも買って、食べてみた。

お惣菜屋さんでみつけた"白い豆"の味は、みためとのギャップが!!

すっぱいっ

「マリネ」だと気付いたら、すご〜く おいしかった んだよ。

この豆ー、日本に帰ったら つくってみようっと♡

ジェラートは 案外、フツーだな。

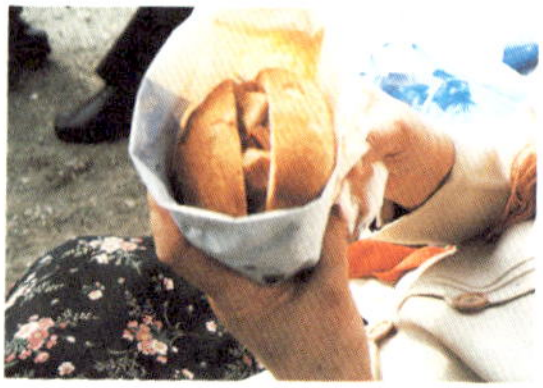

臭すぎて、食べられなかった、
「モツサンド」。
×××のニオイが するようで……

持ち歩き。

列車で食べる食料を、遠足気分でそろえたり、まち歩きの時には水やパンなどを、非常食として、常に持ち歩いたり。

すっっっごくすっぱくて
ふしぎな味だよ
すっっっごく甘いよ。食べてごらん。

?

酸味と甘味、どちらも突出した、オレンジ。

列車で、パンやチョコ、オレンジやお菓子。

広場で、朝、駅前で買っておいたドーナツを食べる。

おなかペコペコだよね
買っといてよかったねー

ホテルの朝食。
ビュフェ形式のホテルでは、物珍しさでついつい取りすぎ。でもそのうち、それぞれの定番が決まってきた。
「パンとカプチーノ」はみんなの共通。
ヨーグルト派
おつうじのこと考えると、ね
パン派
このチョコクリームつけて食べるのがお気に入り♡
シリアル派
朝はちょっと、汁っぽいものがよくてさ。
ハム派
全しゅるい食べないと、気がすまなくて。
あ、チーズも

お部屋で。

市場やスーパー、お惣菜屋さんで調達したものに、ちょっと手を加えて、お部屋で晩餐会。すきなものだらけ、の食卓。

大きいお皿がなくて、ビニール袋でサラダ。←

ルッコラもりもり

チーズ三昧～

生ハムに夢中～

オリーヴに集中ー!!

そして、帰国後。

気に入ったものは、帰国後、いろいろつくってみました。

パンを焼いたり、ルッコラ育てたり……

その中のひとつ、

「白い豆のマリネ」

「白い豆」とは、白インゲン豆のこと。

これを一晩、水にひたしておきます。

これをやらないと、いくら煮ても、やわらかくならないよ。

その後、圧力鍋で20分くらい煮て……

……を、適量入れて、漬け込む。

食卓の人気者に。←

のんびり路地裏歩き。

おかあさんの休憩中、「先発隊」は、
このあとの散策コースを考えに出かける。

テレビみてるね、
ちょっと横になってるね。
先発隊、出動!!
とりあえず、まっすぐ行ってみよー

フンイキのある路地探し……
わぁ
かわいいおうちをみつけたり、
おお、わざとらしいくらい、カンペキな風景…

もちろん、休憩場所のカフェや、
うん、そんなに高くないね
ちょっとしたベンチやトイレも忘れずに。
さっきの有料トイレどこだっけ？
えーとね

道が分かれた時には、とりあえず行ってみてくる。
こっちはただの住宅街っ
人だかりがあったら、おもしろいかどうか、カクニン。

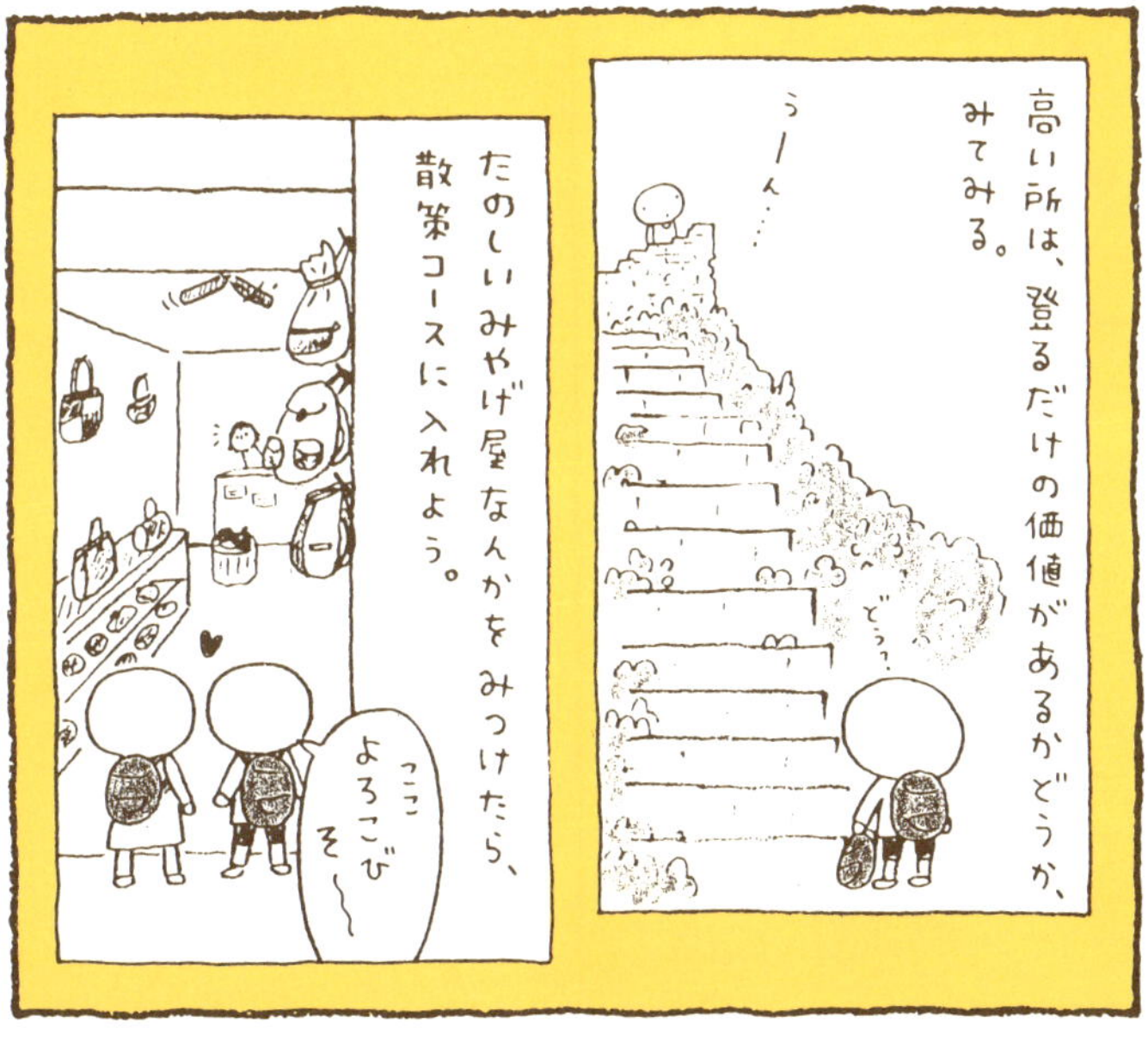
高い所は、登るだけの価値があるかどうか、みてみる。
う〜ん…
どう？
たのしいみやげ屋なんかをみつけたら、散策コースに入れよう。
ここよろこびそ〜

さっそく、部屋でまっているおかあさんを、むかえに行く。

ただいま、おかあさんっ
ハァ
ハァ
いい散歩ができそーだよ!!
おかあさん おまたせっ
たのしい散歩へ、行こーっ
ハァ
ハァ
今日は寒いからやめとこっかな。
ハァ
ハァ
ん〜、寒いから今日はいい。
ハァ
ハァ

おしまい。

先発隊だけで、
ムリヤリ散歩。

ところでおとうさん。

ひとり暮らしを満喫？

そのころ、おとうさんは……

列車でハプニング。

ゴンドラはのんびりでいいねぇ
ちゃぷ
ちゃぷ
わたしたち4人の、イタリアの旅は続く。
がが
が
がが—
いつかしたかった、「親孝行の旅」。
大丈夫〜?
今日は、ちょっとフンパツして、特急列車の指定席を予約した。
ガガー
ガー

――で、
さっきからなんで小走りなのかというと、その特急列車に乗りかえるためにホームまで急いでいるところ。
ガガガ
ガラガラガラ
発車まで、あと7分～
軽くいそげ～
ガガ
ガガガガ
4人分の荷物の音が、ガリガリと鳴り響く。
あっ、案内図だ。
このまままっすぐぬければ、列車のまん中に出るみたいよ。
ガガガ
ガガ
ガラガラ…
ガガガガ
添乗員などはいないので、乗り遅れたら自分たちの責任。
ぬけたよ。
よしこれだ。
5
6
え～と、10号車だからあっちだね。
だね。

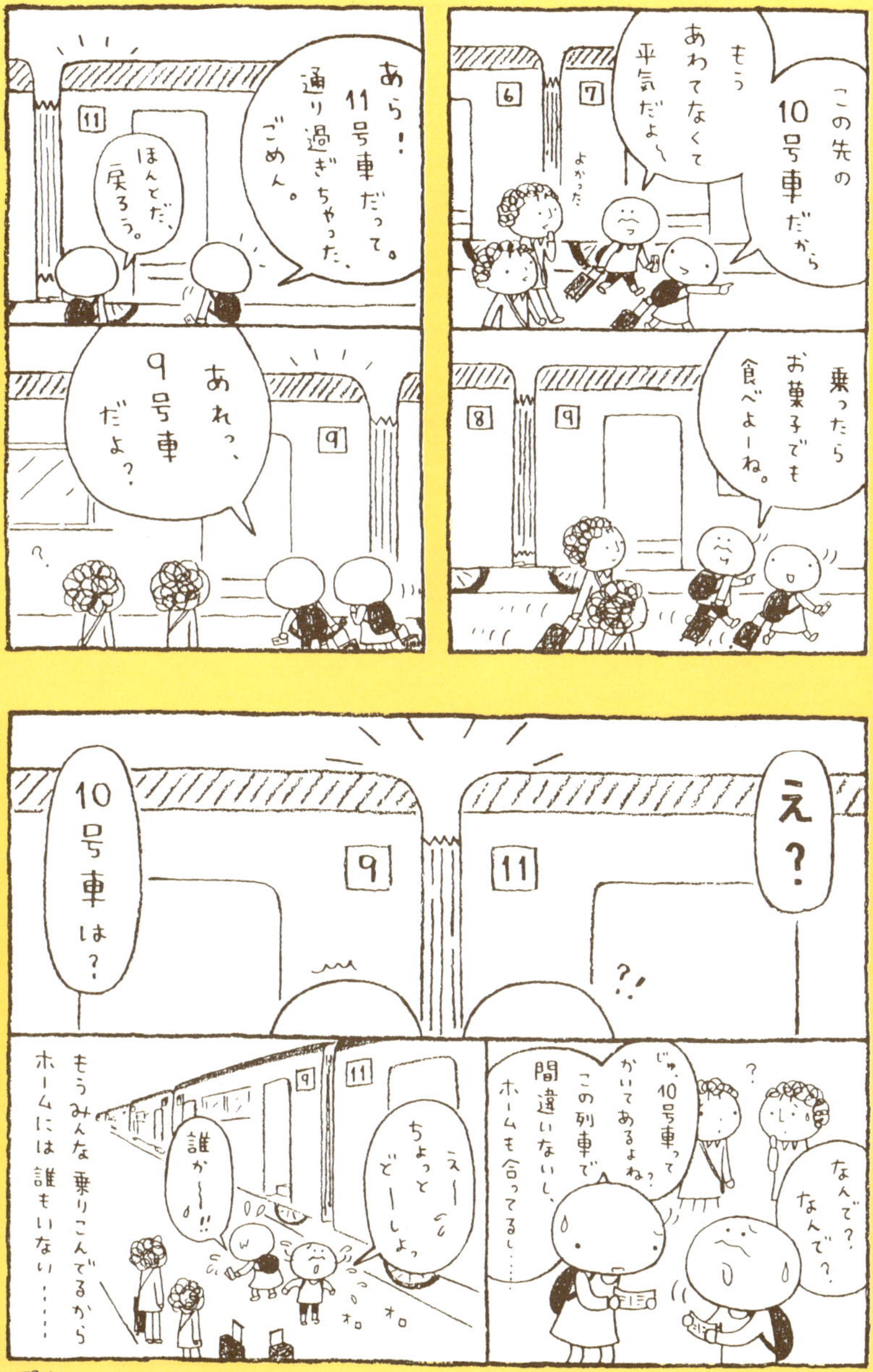
この先の10号車だから
もうあわてなくて平気だよ〜
よかった
あら！11号車だって。通り過ぎちゃった、ごめん。
ほんとだ、戻ろう。
乗ったらお菓子でも食べよーね。
あれっ、9号車だよ？
？
え？
10号車は？
?!
じゃ、10号車ってかいてあるよね？
この列車で間違いないし、ホームも合ってるし……
？
なんで？なんで？
もうみんな乗りこんでるからホームには誰もいない……
えー ちょっとどーしよっ
誰か〜〜!!
オロ オロ

ど、どーする
ヤバイ、あと1分!!
ど、どーしよ どーしよ
の、乗る? やめる?.?.
きっと なにかの間違いだよ。あの数字プレートの入れ間違いとか。
だ、だよね。それしか考えられない。
…じゃ、乗っちゃうか!
…あ、なんか、表示が間違ってるみたいでさー、
どした?
大丈夫なの?
大丈夫 大丈夫、さ、乗るよ。
乗ってしまえばどーにかなる、と思った。
しかし……
座席どころか、通路まで、人と荷物であふれていて……
うわあ 動けないよ〜〜
乗ったのは「11号車」だけど、チケットと同じ座席番号の席を確認してみる。
あの これ…
ああ、これは、10号車だよ。
人をかきわけ移動し、念のため、隣の「9号車」もあたってみたが……
そーなんですけどね。
よくみて。これは、10号車の座席番号ですよ。
「10号車がない」ことを、誰も知らない。

「旅の乗りもの」には、"まさかということ"はつきものではあるが……

ここで降りろ。

ワケもわからず降ろされるとか、
ちょっともう…いつまでここにいるつもりだろ？この人…

タクシードライバーが、カフェで3時間も休憩したり……

なんで？

自分がチャーターした車に、知らない人がどんどん乗ってくる…

ここで降りて歩いてくれない？

あっちこんでるから行きたくないな。

すべてがドライバーの気分次第とか。

よりによって…おかあさんとの旅で、こーいうワケのわからんハプニングは、やめてもらいたい……。

だから「予約」したのに…

わたしたち2人だけだったら、あきらめてこの場に座りこんで過ごしてもいいけど……。

腰大丈夫〜っ？

おかあさんには通路の補助席をなんとかみつけた。

列車に乗ったらお菓子でも広げて景色をみながら遠足気分……

……という寸法だったのに、全部、台無しだ!!

出発してから1時間。やっと車掌がまわってきたので
やっときたか。

さっそく、会話集の、クレームページを開いてつめよってみた。

どーゆーことなんですか
この席がないんですけどー
わっ
わー
もちろん「10号車がない」なんて例文はないが。

すると、車掌が言った。

ああ、今日の10号車は先頭なんだよ、1号車の、前。

?

……は？

おい、なんだよ、「先頭」って……

「9」の次は「10」だろう……

数字の意味がない。

車掌の胸ぐらをつかみたい気分だが、
ぶち切れるのをガマンして、先のことを考える。

……と、とにかくあたしたちの買った席は先頭にあるということだけはわかった……

残りの半分、あと1時間半だけでも……

座るか？？

つったって、どーやってこの荷物と一緒に先頭まで
行けと？

つなぎ目は特にこんでる。

こうしたら？

1時間後の次の駅で、5分間停車することになってる。そしたら降りて、ホームを走って、先頭まで行く!!

おかあさんと4人で、あの大荷物引いて全速力で走る……しかも、最後の、わずか20分間座るために……

バカバカしい。

結局、娘と荷物は残り、おかあさんだけ指定席に行ってもらうことにした。

もし席に誰か座ってたら、チケットみせて、どいてもらうんだよ！

スリにも気をつけてね
次の駅で、荷物もって走るからまっててねっ!!

不安そうなうしろ姿を見送ったあと……

……さて、と。

ぶち切れた。

ちょっと一っ!!

なにが先頭だよ、
車両NO.の意味ないじゃん!!

そーだよ。予約代と指定席代返せーっ!!

せっかくお菓子も買ったのにーっ!!

オレに言われても
ぜんぶ日本語。

車掌がいなくなっても、止まらない。

乗りかえがある時に、そもそも予約の時にきいてないんだよー!

で、あわてて乗りかえて、なのにホームに駅員もいないし、10号車が前にあるなんてわかるかっつーの!

疲れず移動できるように指定席にしたのに、通路にしゃがんでるなんてどーゆーこと!?

あたしたちの席、絶対誰か座ってるよね ムカツク〜。

このあとホームを走って席に着いたって、20分後には降りるんだよっ。バカみたい!!

も〜誰に怒ればいいんだーっ!!

実は、今回の旅では、おかあさんたちの前でぶち切れるのは、控えている。

何があったのかと不安になるだろうし、
熱くなってる人をなだめるのってストレスになるし、
娘の機嫌を窺うような空気はつくりたくないし。

ありがとう もういいよ……

ひどいねぇ
そしてなにより、これは、「親孝行の旅」なのだ。

たとえ空回りでも……

そうこうしてるうちに、いよいよ、走る時がきた。

4人分の大荷物……

最後尾から、先頭車両まで
5分……

行くぞっ
おーっ
ガガガー

思いっきり走るのなんて、久しぶりだ。
ガガー
ガー
どいてどいて〜!!
ガガー
ガー
障害物競走のようだし。
あーもー…
ズルッ
ぐるん
ぐるん
やっ!
びたんっ
ガッ
みんな、何ごとかという目でみてるし。
気が気じゃないし。
あと何分だ??
のどで血の味がしてきたし。
はいーん
はいーん
それはマラソン大会の味。
ただ、切符を買って、列車に乗ろうとしただけなのに、なんでこんなことに〜!!
あと、30秒!
あっ、おかあさんだ!
おかー
不覚にも、ちょっと感動。
こっちこっちー
不可解なハプニングと、ちょっとした感動、それが「旅」なんだ……と、あとでおかあさんに言っとこう。
よかったよかった
心配したよ。
はいーん
はいーん
ハア
ハア
ハア
ハア
ひえんひえん
はいひよ〜ふ〜

おしまい。

列車でハプニング。その2

列車に乗りこんでから、もう1枚切符が必要だと言われ、あわてて買いに走った。
発車まで、あと、8分!!
発車、4分前。
遅いね、なんかあったのかな…。
ドキドキ
発車、3分前。
間に合わなかったら、どーしよ～。
ドキドキ

降りたほうがいいかなっ
そだね。
じゃ、出発の2分前になってもこなかったら、荷物降ろしてさ、降りちゃおう!!
おまた…せ…?
?
おかあさんが窓にへばりついていたのには、そんな背景があったらしい。

旅ノヒトコマ。

旅ノヒトコマ。

それは、出発の朝からはじまった。
駅員のいいかげんな案内で、
後発の電車に乗せられ、
成田まで、大あわて。
びたんっ!!
30年ぶりにまともに転んだ、と言う、おかあさん。
しょっぱなからズボンに穴をあけ、
……と、言いながらも、道中、よく穴をいじってた。
へーキ、へーキ。

お・か・あ・さ・ん・が・こ・ろ・ん・だっ
美術館の、大理石の階段。
あっ
つるつる
といえば。
地下鉄の、急発進。
ガゴンッッ
うわあっ
気をつけましょう。

旅ノヒトコマ。

食料調達係。

「晩ごはんは、部屋で食べたい。」
これが今日の、おかあさんの希望。

あったかいものがあったら、うれしいな。
あ、
デザートに、チョコレートプリンが食べたい♥
この前食べたのおいしかったー
OK~
リョーカイ!

いくつか、リクエストも、きいておく。

そうだ、ワインもいるんじゃない？。
わかってるよ〜
んじゃ、ちょいと行ってきま〜す!!

おかあさんを部屋に残し、先発隊、出動。

まずは、スーパーを探そう。スーパーなら、ほとんどそろうはず。

駅のほうに一軒ある、ときいて行ってみると……。
CLOSED
定休日なのか、終わっちゃったのか、シエスタなのか……とにかく閉まっていた。
まいったな〜スーパーって、ここしかないってきいたよ〜
大丈夫大丈夫！そのへんに食料品店とかあるよ！

しかし……

あ、ワイン売ってる！
えっ！水は置いてないの？
じゃあ、ほかで買わないと。

なかなか一軒でそろわない。

あと、サラダとお惣菜、水と……
あっ！
サラダとお惣菜、えっと……
やおやさんだ!! とりあえず野菜だけでも買おう！
トマトとにんじんをください。

ほとんど、一軒一品状態。

えーっと あったかい お惣菜……
あったかい お惣菜と……
あとは、
チョコレートプリン、チョコレートプリン……
そんなん どこに ある〜??

あせりはじめる 先発隊。

だんだん 暗くなってきた。

げっ
えっ
もう、2時間 たってるよ!!
やば〜いっ いくらなんでも、心配してるよね〜〜っ
いそげ〜っ

「スーパーが閉まってる」なんてことは、計算してなかったのだ……。

ああ、
先発隊としたことが……

でね、
でね、
だから
店を
ぐるぐる
まわってね
そしたらね
んでね、
ハァ
ハァ
ハァ
ハァ
あらまー
ほんとー、
まーまー。
たいへん
だったね。
うん、
ごくろうさん。
ありがとね、
わかったから。
もー
いいから。
はやく食べよ。

これじゃ、はじめてのおつかいから帰ってきた、
こどもの報告だ。

おしまい。

いやー
まいった
まいった

ところでおとうさん。

そのころ、おとうさんにも・・・・・

妹
はーい、
食料もってきたよ～
おう、悪いな、
まあちょっと座っていけよ、
ほらほら
はいっ、野菜とか、4～5日分買ったよ。
妹
ああ、ありがとう～
え・・・泊まっていかないの？

食料調達係が、いた。

こんな、まいにち。

おかあさんと、まちを ふ・ら・ふ・ら・する。

あそこで休憩しよう。
OH~♡
あちこちぐるぐる、

ベネチアのまちを、気ままに。

おいしそうな お惣菜屋さんをみつけると、

この白い豆の、100g ください。
ちょっとだけ買ってみて、
歩き食い。
わあ、おいしーい
オリーブ油とビネガーと…
どれどれ
もっと！

変わった味付けの豆に 出会ったことを、

舌に、記録。

市場に出た。

珍しい野菜に、目が釘づけ。
わあ
なんだろ～
グラッツェ
そのまま食べられそうなものを選んで、

今晩 部屋で食べる、野菜や果物を買った。

運河沿いに出ると、どこからか、
ピアノの音がきこえてきた。

あの窓からかな？
音のするほうを探して、
誘われるように、階段をのぼり、

4人並んでピアノの演奏にきき入った。

拍手。
パチ
パチ
パチ
パチ
パチ
グ、グラッツェ……
なんだったんだろう？
リサイタル？
練習？
とにかくステキなひととき。

なんだったのかよくわからないまま、
ふらふらと その部屋をあてにする。

そしてまた4人で、ふらふらと、まちを歩く。

あれっ？どっちからきたんだっけ。
あっ、ジェラートだ♡
食べよ～食べよ～

1日中、気ままに。

陽が落ちかかるころには水上バスのチケットを買い、

え～と何番の水上バスだっけ？
あらっ!? ここからじゃ、逆方向か？
きたきた。
イスがあいてたら座っちゃいなね。

自分たちのホテルのある方へ。

住民と観光客で
ぎゅうぎゅうづめの、水上バス。

おかあさんは中で座り、
娘はデッキで風をたのしむ。

水の都に映る夕陽の中を帰る。

また明日〜

そんな、いちにち。

おしまい。

旅ノヒトコマ。

イタリアを南下して
暖かくなってきたら、
途中で捨てるつもりだった、
上着。
ほんとに寒い時は、
これくらいのじゃ
ないとね。
脱いだ時
ちょっとカサばるけど、
空気を抜けば
小さくなるし。
……って言うけど、
結局なかなか捨てられず、
脱いで荷物になると……
もったいないけよーか？
えっほんと～♡
いつも娘が
しょっていた。

旅ノヒトコマ。

ウトウトしかけた
おかあさんを、起こさない
ように……
寝返りを
うつのを
ガマンして、
じっと
している娘。
も、
もすこし
眠りが
深くなる
まで……
早朝、
娘を起こさないように……
慎重にトイレに行く母。
もすこし
寝かしとか
ないと……
ス～ッ
――2人の日課。

観光とおみやげの、関係。

おかあさんとの まち歩きを、
グラフにしてみよう。

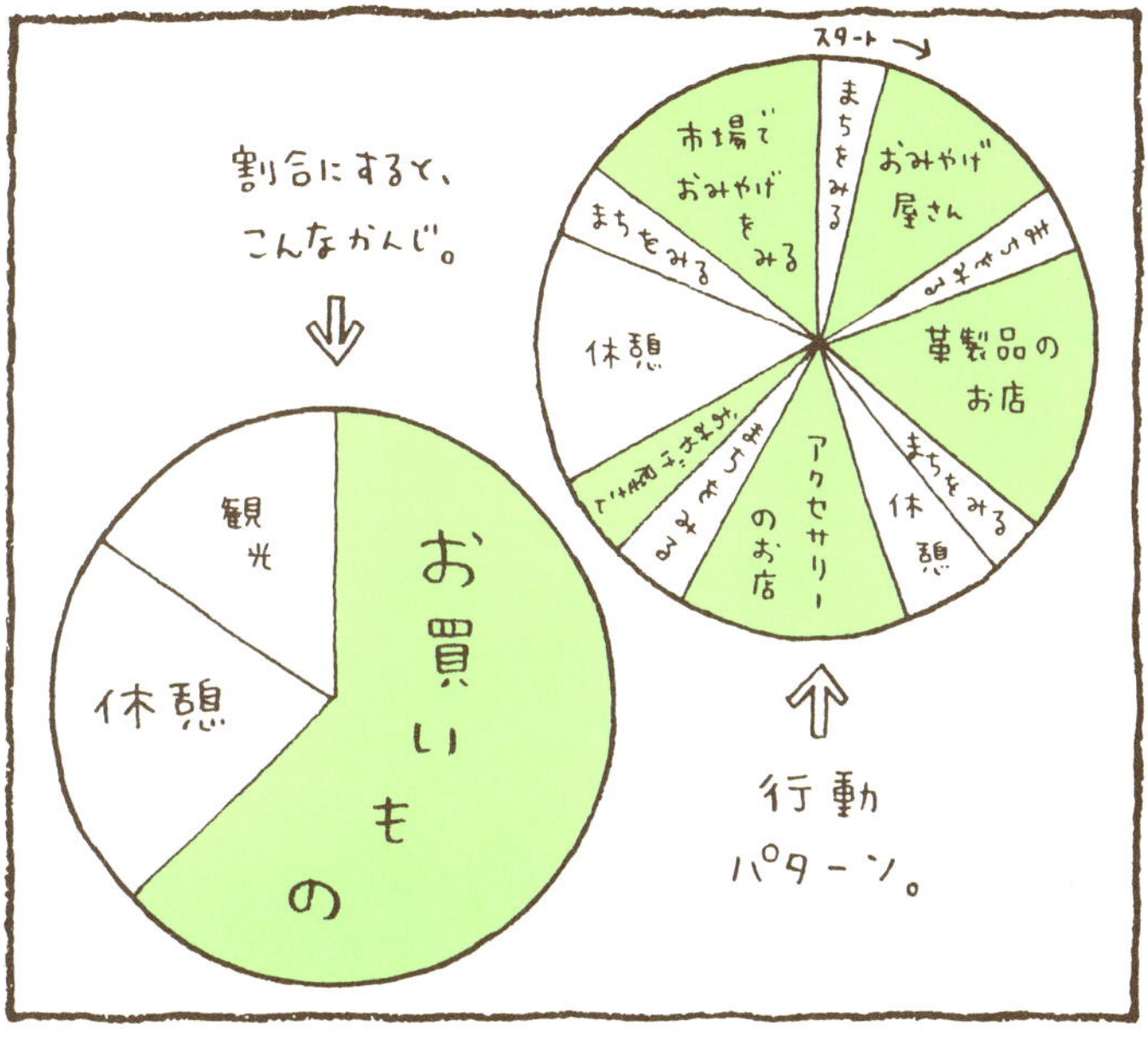

スタート→
まちをみる
おみやげ屋さん
市場でおみやげをみる
まちをみる
休憩
革製品のお店
まちをみる
休憩
アクセサリーのお店
行動パターン。
割合にすると、
こんなかんじ。
観光
休憩
お買いもの

こういうことだ。

おかあさん みて！ これがフィレンツェの景色だよ。
あらっ!!
ふと気がつくと、革製品のお店に目をうばわれている。
うわっ すっごい ステキな 教会っ!!
おーっ、ほんとだ ほんとだあ！
え、あら ほんと ステキ〜！
どーにか気を引いて、景色をみてもらう。

景色をみたい、というキモチもあるようなのだが、
あら、さっきの教会 ここからも みえるよ!!
ほんとだ♡ 写真 撮ろっか。
ヨカッタ
ヨカッタ
つい、おみやげに吸いよせられ……
あれっ いなく なった!!
「ちょっとだけ みてくる」つもりなのだろうけど、

——だいぶ、みている。

わざわざイタリアに、「みやげを買いにきた」
みたいになっているが、これでいいのだろーか。

「みやげ」が目的なら……
外国までこなくたって……
そのへんの温泉でもよかったんじゃないのか……
……?
もん
もん
このまち並みをみてないんじゃ……
東京の雑貨屋めぐり、
――とかでよかったんじゃないか??
……

おかあさんのたのしそうなうしろ姿に、
想いの丈を、そっとぶつけてみる……。

しかし、そもそも この旅は……

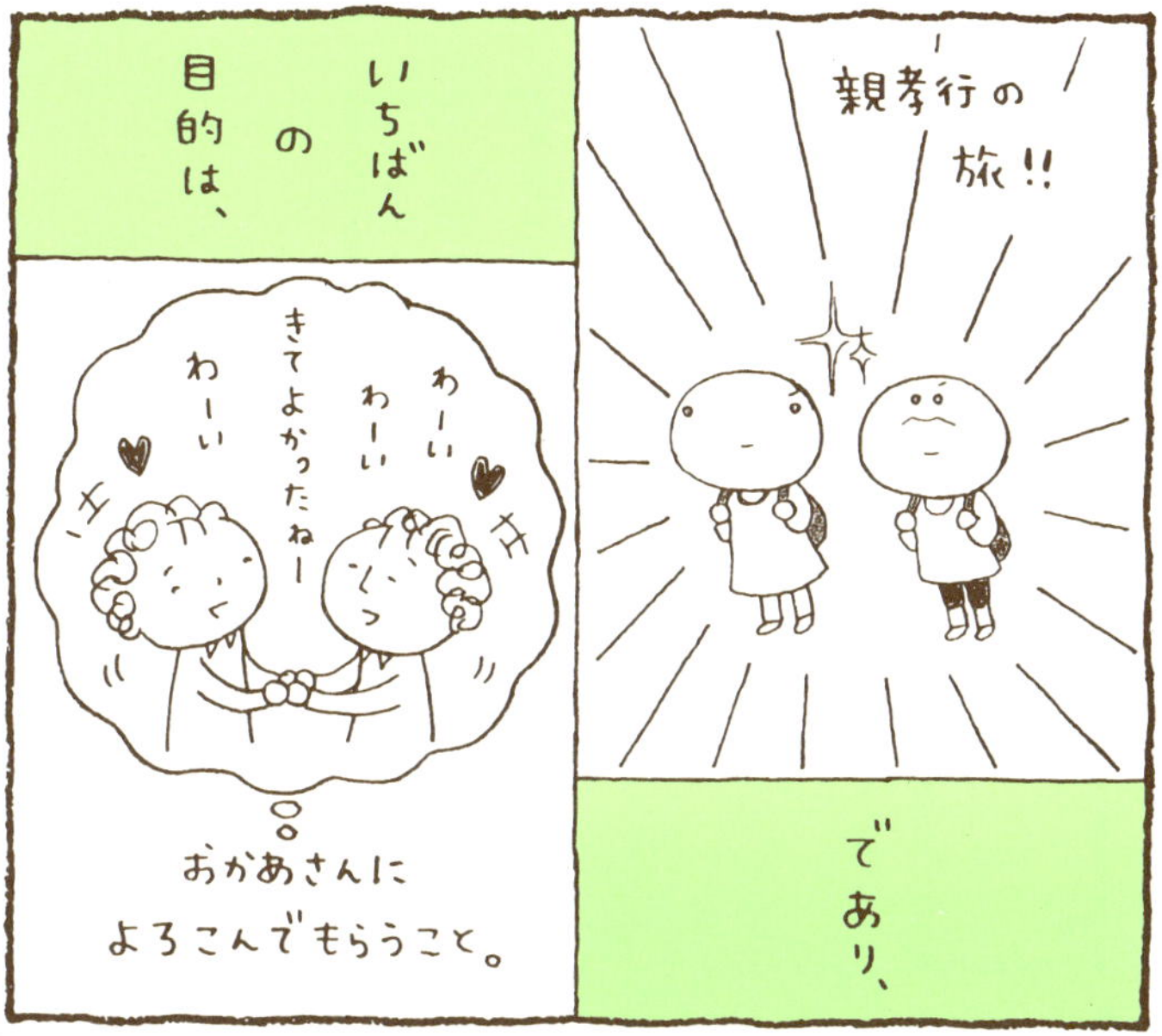

親孝行の旅!!
であり、
いちばんの目的は、
わーい
わーい
きてよかったねー
わーい
おかあさんによろこんでもらうこと。

だとしたら……

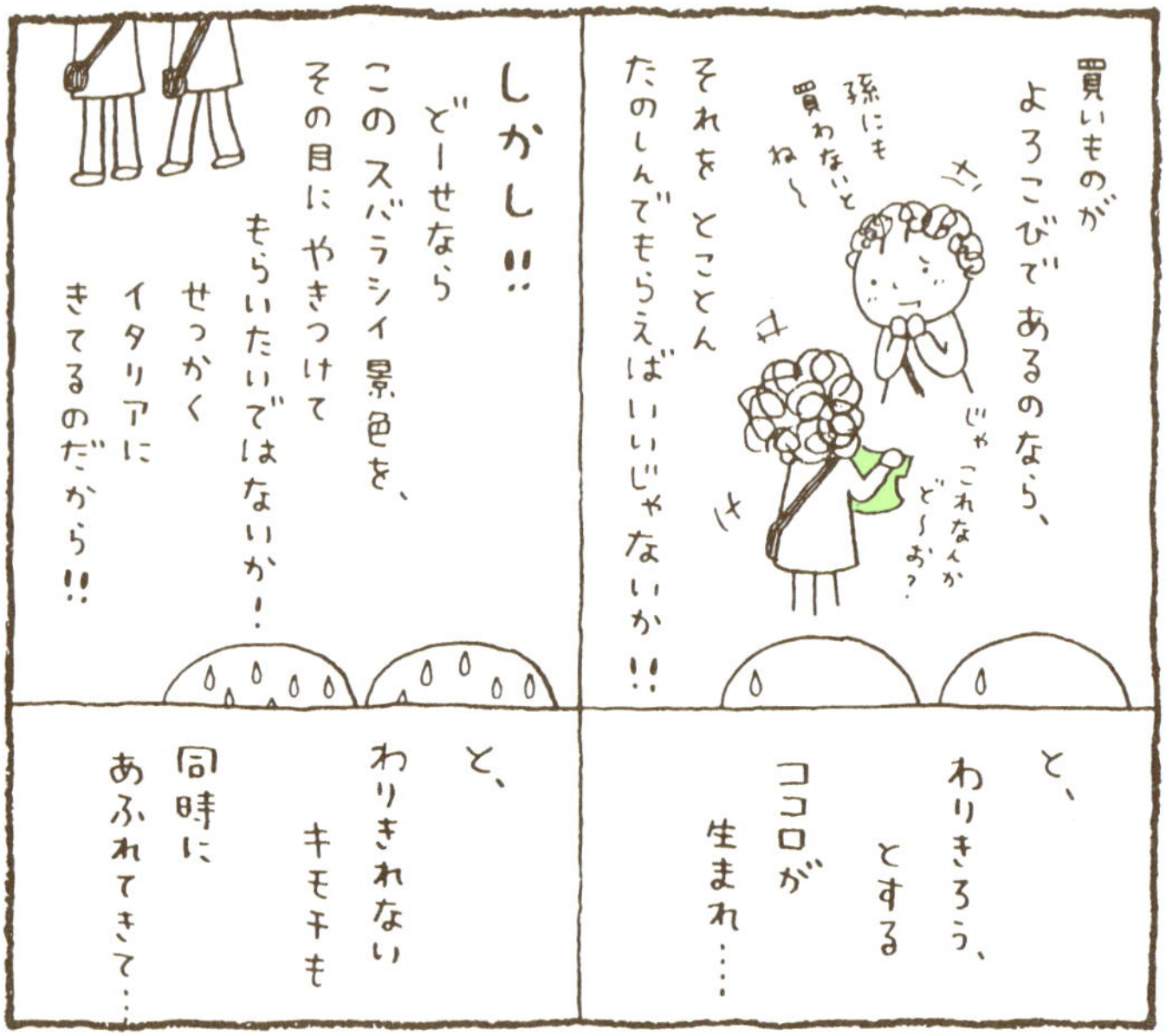

買いものが よろこびであるのなら、
孫にも 買わないと ね〜それを とことん たのしんでもらえばいいじゃないか!!
じゃ これなんか どーお?
と、 わりきろう、 とする ココロが 生まれ……
しかし!!
どーせなら このスバラシイ景色を、その目に やきつけて もらいたいではないか!
せっかく イタリアに きてるのだから!!
と、 わりきれない キモチも 同時に あふれてきて……

おかあさん やっときた国 イタリアよ
おかあさん ここはフィレンツェ 世界遺産
おかあさん、あなたのうしろに 絶景が
さっきの店 もっかい 行っていい?
いいよ いいよ
おかあさん、おかあさん、たら おかあさん

……「親孝行」が、思うように、ならない、もどかしさ。

まって〜〜
ちょっとだけ
みてくる——
くるっ
ねーねー、
さっきのお店に
戻りたいんだけど〜…
あ、あのお店、
いろいろ
ありそうだよ！
戻る？

と、まあ とにかく、

買いもの、となると、とても元気なおかあさんですが、

娘の買いもの、となると、

まだあ？
…。

——急に元気がなくなります。

おしまい。

旅ノヒトコマ。

さっ、さむいっ
おー さむい さむい
あー さむ さむすぎる
あわわわわ さっぶっ
ただ、歩くだけ。
はーっ はーっ はーっ
使い捨てカイロをたくさん持ってきていることを全員忘れていて…
「寒い」しか言えなかった、マヌケな散歩。

旅ノヒトコマ。

値札の虫ピンが、娘の指に刺さった時……
痛っ! あっ、血が!!
あららら 血? 大丈夫~?!
正しい反応 →
えっ やだ、血なんかみたら
具合悪くなっちゃうよー
くるっ
あら 具合悪くなったら大変、大変。あっち行こーっ
逃げた母たち。 なんか間違ってないか?

母の、意外な視点。

まちを歩いていて
おかあさんの目を引きつけたもの。それは、

あーっ落がきだ!!
こんなキレイなまちに、ヒドイねー、もーっ

歴史あるまちの、あちこちにかかれた、
落がき。

あっほら、こっちにも！
こんなとこまでヒドイね〜！
あっ
まーったく、なんでこんなことするんだろね。

わざわざ探して怒っているようにもみえるが、
それがたのしそうでもある。

「怒っているようで、たのしそうでもある」ことといえば……

美術館で名画をみている時……
絵はスバラシイんだけどねー、あ、画家も。
でも、この絵を描かせた人の意図がイヤなんだよね。
金と権力の象徴だと思うとみててもつまんなくて。

――文句ばっかり。

でも
そうかと思うと、

教会の地下で、
朽ち果てた遺跡をみた時……
わー、スゴイ スゴイ!
時の流れをかんじるよね〜。ここに人がいたんだね〜
こういう遺跡 大スキッ♡
?

……と、一応それなりの価値基準が
あるということらしい。

おかあさんたち２人だけで
キョーミ深げな様子の時もある。

あ、あーゆーの、昔、日本にあったよね〜
あったあった
まー なつかし〜 田舎でよくつくってたよ これ〜
そーだよね〜
昔?
なつかしい?
ヨーロッパならではのもの、と思っていたが……
昔ながらのもの、ってコト?

年代の違いで、意外な視点。
娘２人だけじゃ、気がつかなかったコト。

そして今回、母と娘の4人で
意外にハマったものが、

あった！
あった♡
あっちにもあったよ！
PACE

あちこちの民家の窓やバルコニーで
はためいていた、七色の旗。

はじめは、情緒あるまち並みには違和感があって、
景観のじゃまだ、と思っていたが、

どうやらこれは、
「戦争反対」の意思表示らしい。
PACE
ほーーー。

そういうことなら、と、1票を投じるような
キモチでみると、美しい旗だ。

すると、だんだん欲しくなってきて、
旗のおいてある店を探した。

これ、いくらですか？
パーチェってよむんだよ。
5ユーロね。
PACE
へエ〜
＝PEACE（平和）

イタリアのまち並みと一緒に
記憶に刻まれた、虹の旗。

みんなで買った、「戦争反対」。

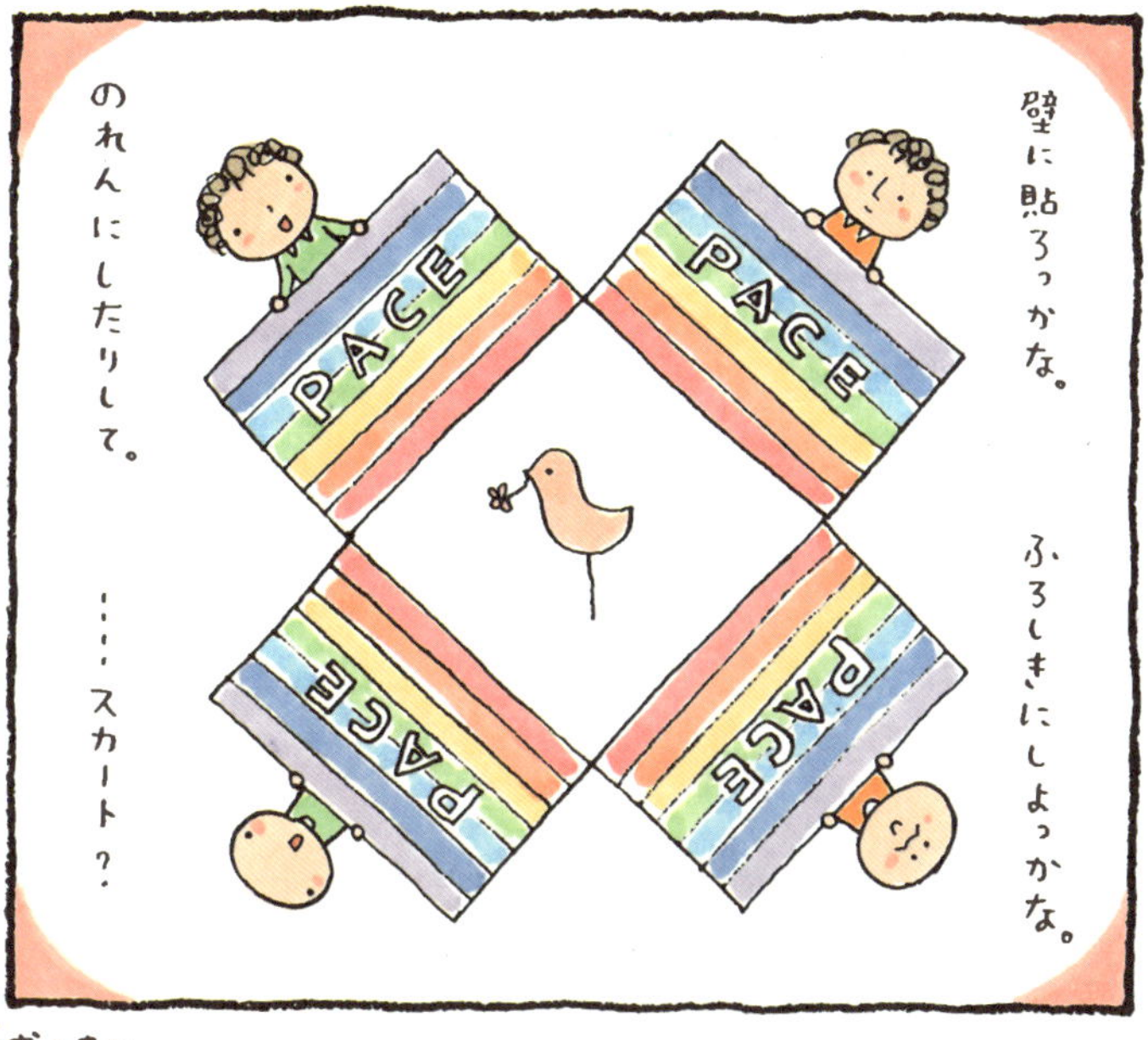
壁に貼ろっかな。
ふろしきにしよっかな。
のれんにしたりして。
……スカート？
PACE
PACE
PACE
PACE

おしまい。

ところでおとうさん。

そのころ、おとうさんがハマっていたものは・・・・

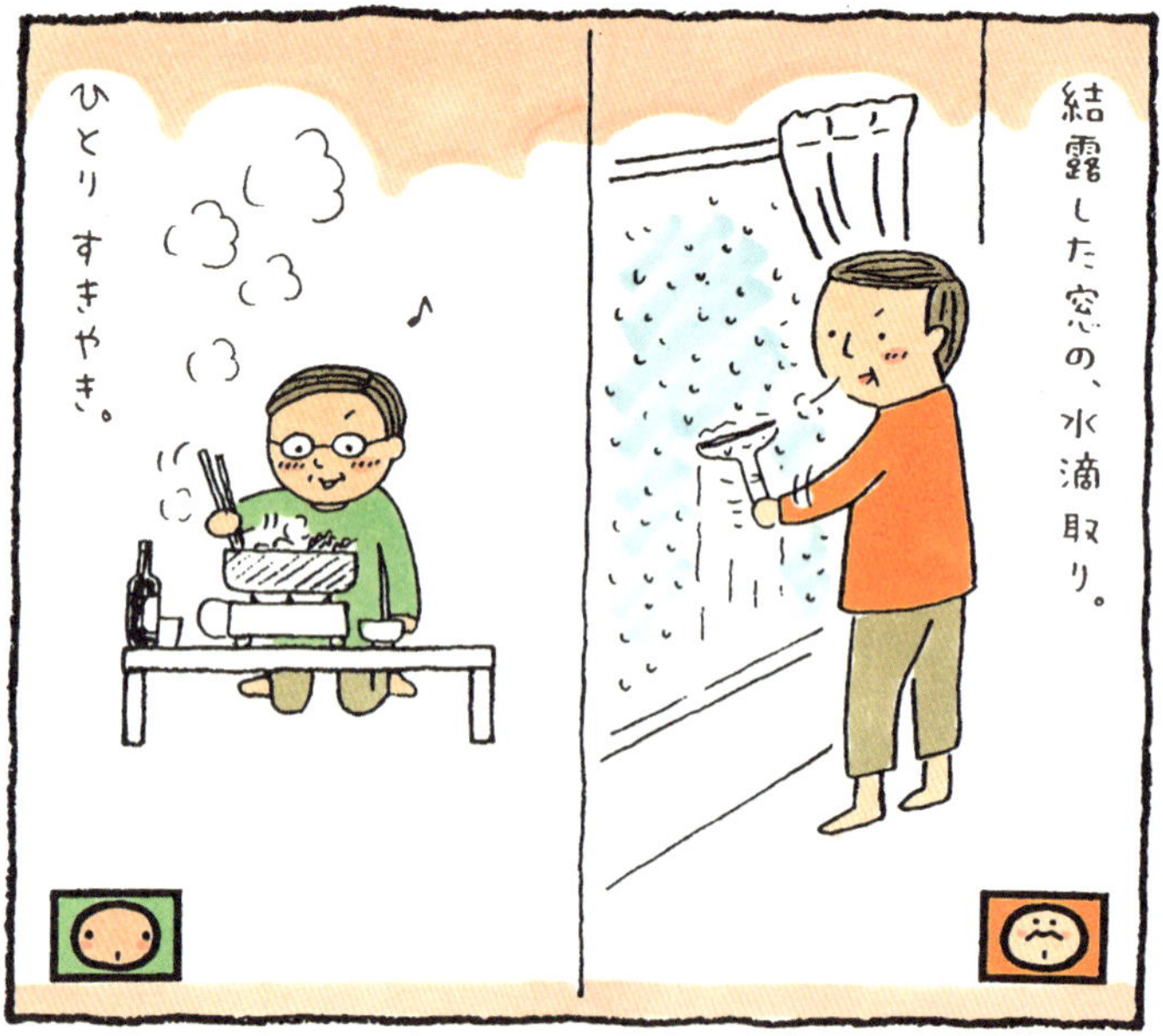

結露した窓の、水滴取り。
ひとり すきやき。

地元のおじさんの
食後のデザート、
大皿に、てんこ盛りの
アイスクリーム。
いろんなしゅるいの。

旅ノヒトコマ。

旅ノヒトコマ。

列車内でみかけた、
ハムおばさん。
もくもくと
生ハムを
口にはこぶ。
時々 ざざっと、
何枚もまとめてすくって
口に押しこんだとき、
生ハムの**バラ**ができる。

コラム 思ったより『？？』ランキング〜。

観光編

どこもスバラシイ観光地だったけど、意外な所に感動したり、しなかったり。そんな思い出の場所、ランキング。

トレビの泉

思ったより「ヨカッター！」

たいしたことないんだけどで、

きたからにはやっぱりみたほうがいいし、

おもしろくなくても、一応ね。

ほんとにつまんないよ、どーってことないから。

・・・・と、言いすぎたことが功を奏してか、

案外ウケがヨカッタ、泉・・・・。

え〜っいいじゃない！きてヨカッタよ〜。コイン投げてくる♥

ベネチアのまち。

思ったより「テーマパーク!!」

このまちは、どんな路地に迷いこんでも、演出されたようにステキ。

始終、みんなで口あけたままの散策。

わー

へーえ

はー

おー

システィーナ礼拝堂

思ったより「長居〜」

天井画に向かって感嘆の声をあげる。痛い首をもみ、おなかすいた、とつぶやき……

あら～
やっぱすごい
わー
ぐっ
ぐっ

ずいぶん長い間こうしてた。

パラティーノの丘

思ったより「感動〜」

ローマの有名なコロッセオでは、

ふ〜ん

なんて反応だったのに、

その隣の貴族の住宅地跡では、小躍りしてよろこんでいた。

こーゆーのすっごいすき!
ここに人がいたんだな、ってかんじがするじゃない?

ゴンドラゆらゆら
思ったより「娘がコーフン」よ
"おかあさんのため"っていう
口実がなかったら
恥ずかしくて避けていた
ベタな観光、
「ゴンドラゆらゆら」!!
水の迷路を、ギコギコ、
ちゃぷちゃぷ、スーー・・・・
サイコー サイコー
ゴンドラから みる
このまちも
いいねえ〜〜
そして・・・・・
思ったより「旅を満喫」
していたのは、娘のほうだったかもしれない。
おかあさん
みてみてほら、
すごいよ〜
おかあさんが
すきそーなの
あったよ、
ほら〜
・・・・・とか 言いながら。

食材市場、ぐるぐる。

食材市場にも、「おみやげ」になるものがたくさんある。
生モノはムリだけど、

いろんなパスタ
ちょっとしたスパイスや、
ジャム、
ワイン、
ビネガー、
オリーヴオイル、
小ビンも売ってる

——など、ほかにも、
お菓子や乾物など、イロイロ。

市場の迷路を進んでいくと、
なにか、ニオッテきた。

クサイような……
なんだ？？
んっ？
クン クン
でも ちょっと、食欲を そそられるような……
なんとなく かいだこと あるような……

そのニオイの帯をたどっていくと、
そこには、

いろんな・・・フンギの山と……
フンギ＝イタリア語でキノコのこと
8€
いらっしゃい。

おかあさんたちが、いた。
8€

おかあさんたちも、このニオイにつられて
たどり着いたのだろう。

お店のおばちゃんが、フンギの山を指差して、なにか説明しはじめた。

このフンギはすっごくおいしいよ
たぶん
と〜ってても香りが良くて、パスタのホワイトソースにしたら、最高よ。
推測
PORCINI E
8€
?
?
?

なんかよくわかんないけど、おいしそうだよね。でも、ニオイがスゴイね、カバンの中が心配〜。
あとさ、
乾燥させてあるから軽くていいんだけどさ、なんか、ちょっとカサばるよねぇ……
うんうん

フンギが欲しくなってるおかあさんたち。

お店のおばちゃんが、考え中のおかあさんたちの肩をたたいた。

そして今度は無言でフンギの山をつっつき、
~8
次に、ビニール袋にフンギを詰め、
バサ バサ
キュイ〜ンと空気を抜いて・・・・
ウィーン
ビコ
ビコ
真空パックされたフンギをみせて、笑った。
なるほどー

「フンギの真空パックショー!」で、問題解決、お買い上げ。

こうして市場をさまよっていると、あちこちから「試食」が差し出される。

いろんなチーズ、どうぞ
わー、おいしそ♡
あらどーも
パン、おいしいですよ
ワインはいかが?
ごめんなさい飲めないのよ
おなかいっぱい
お昼これでいっか。
オレンジ食べて食べて

「買わなくてもいいから、ぜひ食べてみてよ」、というかんじ。

自国の食文化に誇りをもっているイタリア人、
をかんじたりして。

あら
そっちも
すごいね
わー、
おいしそー
みて
みて
生ハム
生ハム♥
「ハム」の試食なのに、
チーズや野菜までのってる。
"試食"の域を
超えてるよ～

ほかのどのお買いものより、みんなの目が輝いていた、
食材市場。

――ちなみに。帰国後、さっそくフンギを使って
ホワイトソースを作ってみたのだが、

香りも味も、すーっごく濃くて、
ものすご～～く、おいしかった♥
〈フンギ ポルチーニの、ホワイトソース〉
実家風

「買ってよかった おみやげ」の ひとつ。

おしまい。

旅ノヒトコマ。

食材市場で、
エッチなカタチのパスタをみかけて、
あわてる母。
やだーっ!!
ちょっとっ!!
買ったおみやげの中に
まじってたら
どーしよっ。
ガサゴソ
ガサゴソ
シンボルのつめ合わせ。

おみやげ屋さん通りを 日本人が歩くと、
右から左から、ちょっとした日本語が 飛び交う。
ナカター
ナカムラー
アリガト
カワイー
カワイイ ○ンコー
「そんなとこ ほめられても」
と、まともに 反応する母。

旅ノヒトコマ。

旅ノヒトコマ。

歩きタバコの若い女の子が多くて、みんなでビックリした。

旅ノヒトコマ。

サッ
ひゅっ!
キオスクのおばちゃんが、くわえタバコを客の頭上から店の外に投げ捨てていた。

コラム 旅のもちもの!!

現地編

とくにフリーの旅では、〃もちもの〃には道中ずっと振りまわされる。増えたり減ったり大忙し、の実態。

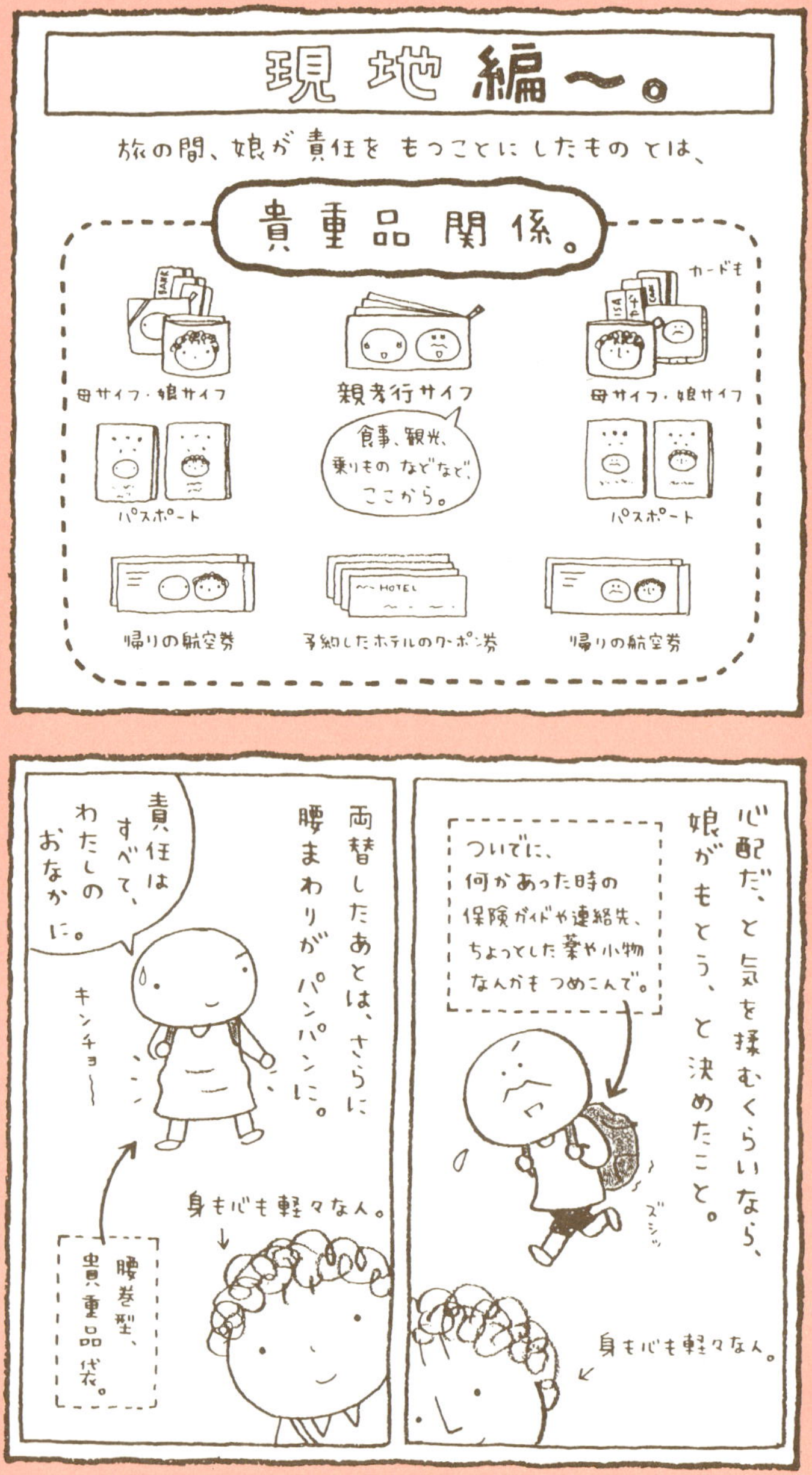

現地編～。
旅の間、娘が責任をもつことにしたものとは、
貴重品関係。
カードも
母サイフ・娘サイフ
親孝行サイフ
母サイフ・娘サイフ
食事、観光、乗りもの などなど、ここから。
パスポート
パスポート
HOTEL
帰りの航空券
予約したホテルのクーポン券
帰りの航空券
心配だ、と気を揉むくらいなら、娘がもとう、と決めたこと。
ついでに、何かあった時の保険ガイドや連絡先、ちょっとした薬や小物なんかもつめこんで。
ズシッ
身も心も軽々なん。
両替したあとは、さらに腰まわりがパンパンに。
責任はすべて、わたしのおなかに。
キンチョー～
身も心も軽々なん。
腰巻型、貴重品袋。

日増しに、どんどん どんどん 増えていくものが….
おみやげ。
あっ、おみやげ買う人、まだいた!!
えー
もう入らない……
……。
バッグに入らないからっておみやげを制限したらつまんないと思い、
入らなかったらバッグひとつ買おうよ。
えっほんと?
まあ、もち歩ける程度なら、ということで。
このバッグがまるごと入る、おっきいバッグ買って、ひとつにまとめちゃおっかな。
ええっ!
……ああ、でもまあ……そのほうが歩きやすいか…

デカイバッグを買う＝もっとおみやげを買える♡

……という解釈で、ますます はりきる、おかあさんたち。

うわー大きい♡これなら入るんじゃない？
うちはこーゆーのでいいんじゃない？サッとかつげるバッグ。
わ、すげ
うーん
どーだろ

おかあさんとの旅を、まるごと もって帰ってきた、

特大バッグ

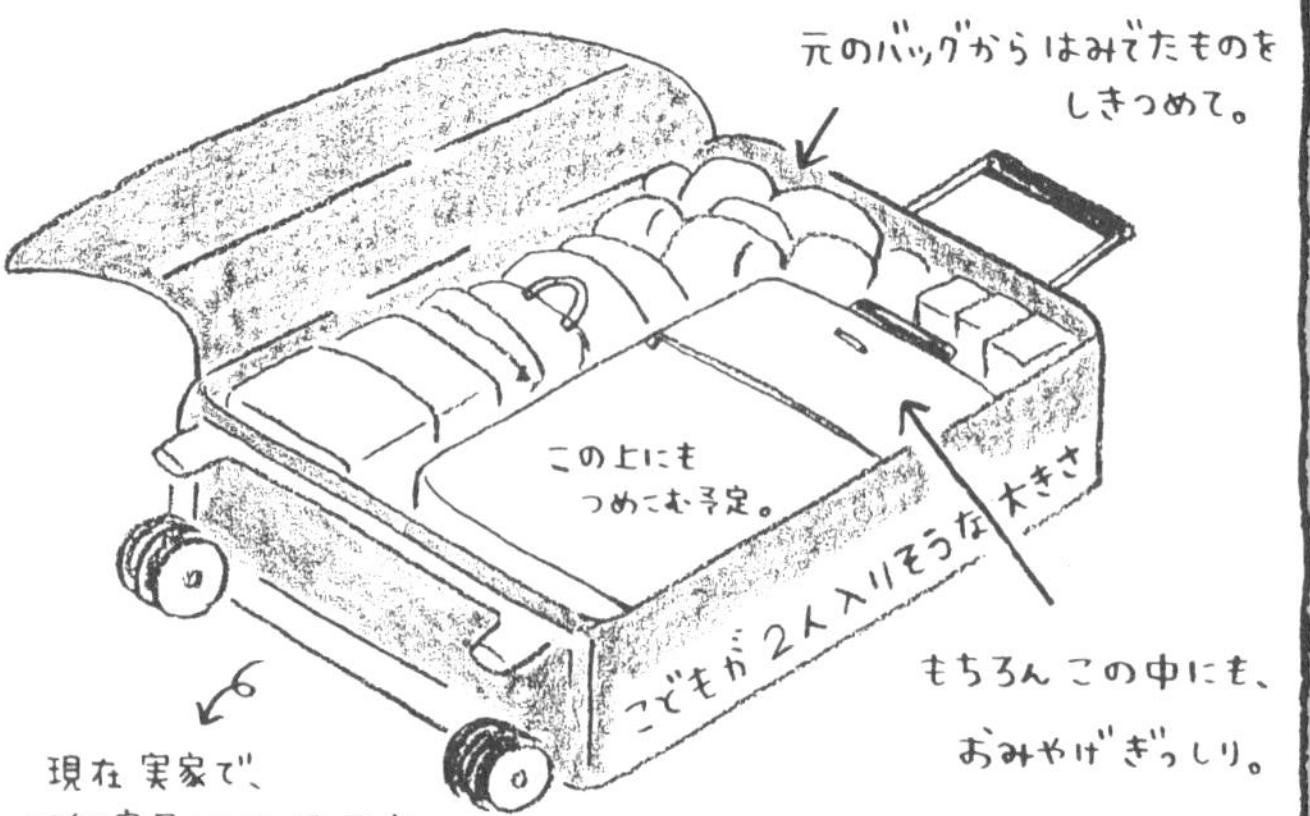

元のバッグからはみでたものをしきつめて。
この上にもつめこむ予定。
こどもが2人入りそうな大きさ
もちろん この中にも、おみやげぎっしり。
現在 実家で、収納家具として活用中。
ムリヤリ

——というワケで、娘のビンボー旅ではありえない、ものすごい特大バッグで帰国。

買いものにみる、母の一面。

「うちのおかあさん」は、
こんな人だと思ってた。

えーと、
あんまり自分のキモチを言えないタイプで、
それが、優柔不断の元にもなっていて……
へーき へーき、大丈夫。
なにかと、人にゆずったり合わせたり。
どっちでもいい。なんでもいい。
あ、それがいい、それがいい。
「自分がない」、というよりは、「自分は二の次」、というかんじ。
なんでも遠慮しがちで恥ずかしがり屋で……
……だから あたしが守っていかないと!!

──と、ずっと、思っていた。

ローマ駅前のおみやげ屋さん
いらっしゃい。左に並んでる指輪のデザインがおすすめだよ。

ふと気がつくと、店のおじさんが、おかあさんに指輪をすすめていた。イタリア語のまま。

あたしねぇ、指が太いから、合う指輪がなかなかないの。いっつも困ってるのよ。
ほら、これなんかかわいいけど、入らない。
……って、おかあさん、日本語でそんなペラペラしゃべっても……
大丈夫、大丈夫。ほら、これなんかどーだい？サイズ合うはず。
イタリア語
え、ムリムリ、もーすっこし幅の広いのじゃないと、指の肉が〜
日本語

全くあたしに助けを求める様子なし。

じゃあ それなんか どうだい？ 指がむくんでも 痛くならないて 思うよ。
↑イタリア語
あら、ほんとだ。まぁぴったり!! これいいかも。これにする!!
日本語→
お互い、自国語を押し通してることに、気付いてない。
ーなんか よくわからんが‥‥

‥‥置き去りにしても、どーにかなる人、
のような気がしてきた‥‥。

「うちのおかあさん」は、
こんな人だと思ってた。

えっとー
わりと思ったコトをそのまま口にするタイプで、
お肉が食べたいな。
悪気はないのだが、たまにひどすぎる。
しかしそれは身内にだけで、他人に対しては妙にシャイだったり‥‥。
あーこれ。近所のスーパーで似たようなの売ってたよ。おみやげ選ぶのヘタだねえ‥‥
買いもの ついてきて!! 恥ずかしーから。
ねーねー、まけてくれるかきいて〜

だから案外、あたしがついててあげないと
だめなのかもな‥‥

……なんて思っていたのだが。

ちょっと目をはなしたスキに……
ねー、このバッグ、値切ったらOKだって♡ おサイフもってきてー
—自分で値切っていた。
えっ
※関東人なので、日本での値切りの経験なし。

—なんだ、ひとりでできるじゃん。

で、いくらだって？
2つで70€《ユーロ》でOK!!
え？あれっ
さっきは2つで60€って言ってたのに。
なに？
まじで？みやげ屋名物、ウソつきオヤジか?!

あたしの出番だ、
強気で言ってやろうじゃないか。

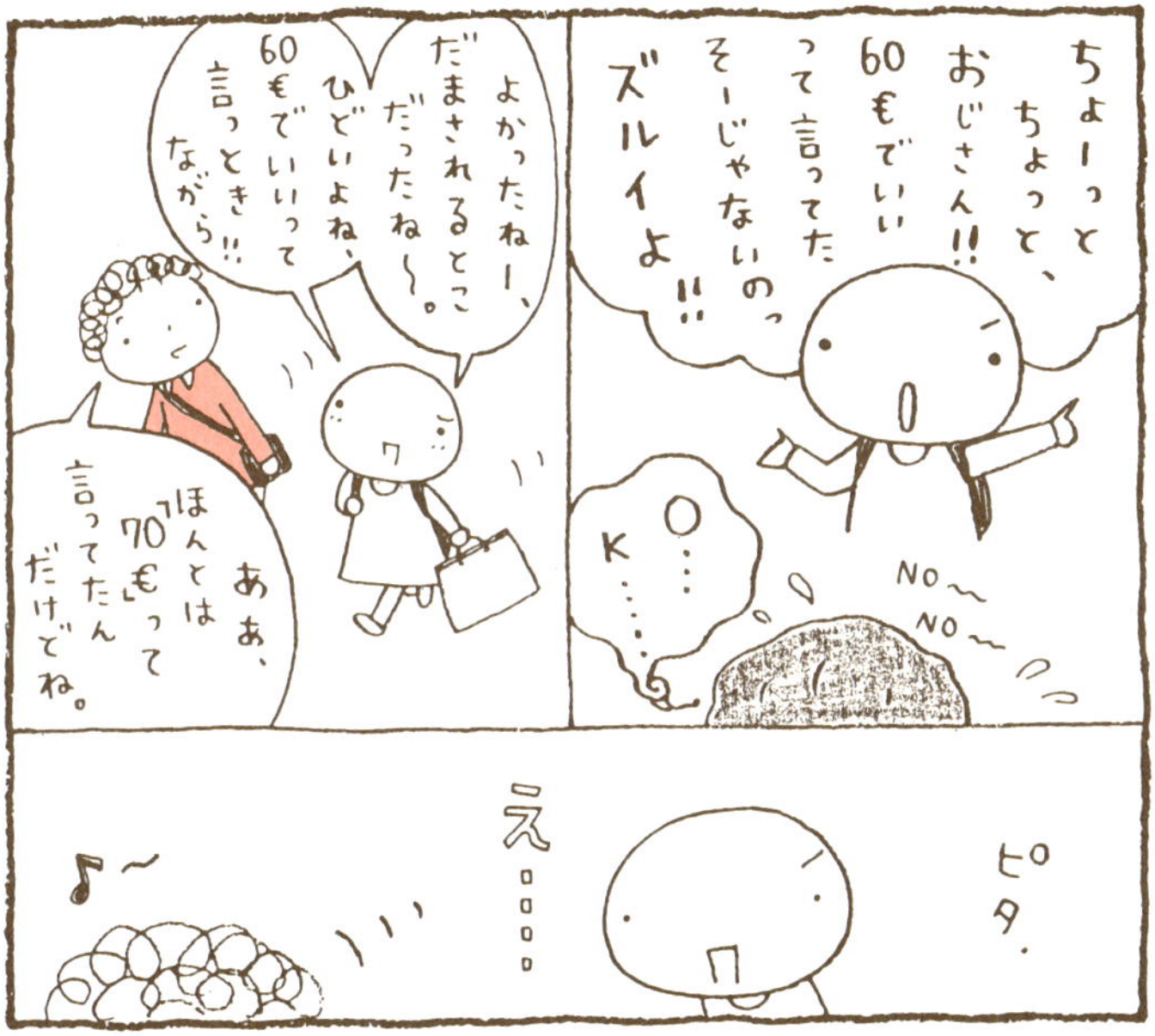

ちょーっとちょっと、おじさん!!
60€でいいって言ってたそーじゃないのっ
ズルイよ!!
NO~ NO~
O……K……
よかったねー、だまされるとこだったね~。
ひどいよね、60€でいいって言っときながら!!
ああ、ほんとは70€って言ってたんだけでね。
ピタ。
え……。
♪~

おかあさん、それは反則だよ……。
娘までだますし……。

ちょっとほっといてみましょうか。
そうですね。

――旅で知った、おかあさんの一面。

おしまい。

ところでおとうさん。

「るすばん」にみる、父の一面。

それは……

国際電話が、止まらない。

どお？ちゃんと食べてる？

食べてるよ。さっき、ごはん炊いたとこ。今日は、魚焼いたよ。明日は納豆。

冷蔵庫には豆腐がある。

今朝不燃ゴミ出したし。お酒は薄めにしてるよ。今まだ５杯目。

心配ないって！おとうさんはちゃんとできるんだから。

へ、へェー さ、さすが……すご……い……

今日ベネチアに着いたよ～!!

お～、「ベネチア」とは、「ベニス」のことだな？「ゴンドラ」にはやっぱり乗るのか？

ローマ遺跡もたのしみだな、「ブルータス、お前もか」、だろ？

イタリアってスバラシイよなあ～

とにかくヨーロッパは、おとうさんも一度は行ってみたいよっ。まずはスイスがいいなあ～。アルプス!!

こんなに外国にキョーミあったっけ
？？？

だんだん さびしくなってきた？

おそろいを、買おう!!

「日本でまっている人たちへのおみやげ」を、そろそろ買い終わるころ、

おかあさんたちは、「自分のおみやげ」に燃え出した。
イタリアにきた
記念に♡
なにか、
おそろいのモノを!!
旅の
思い出に♡

ある日、フィレンツェのベッキオ橋で
アクセサリーを　みていた時、

あれっ
ベッキオ橋↑
おかあさんが消えた!!

橋の両側にならぶ お店をのぞきながら
何往復してみても、いない!!

「川に落ちた?」とか、「さらわれた?」とか、
物騒な想像をかき消しながら 探しまわって……

いた!!
アクセサリーの店の奥に、いた。

ハァ
ハァ
ハァ
ハァ
あ、ちょうどよかった♡
おそろいだったらどれがいーい?
ブローチ

「おそろい」探しに 夢中だったらしい。

翌日、別のお店でも……

「おそろい」探しに燃えていた。

あら、このイヤリングなんかどーお？

あ、いいかも。ピアスじゃないよね、それ？

なんとしても買う態勢。

このイヤリングはフィレンツェのガラス工芸なんです。ベネチアにはそのデザインは、なかったでしょう？

←店員

「フィレンツェにきた記念」、「この旅の思い出」……。

これかな？おそろいは ♡
そーしよそーしよ ♡
このままホテルまでつけて帰る？
「おそろい」が決まったおかあさんは、
とてもうれしそうで
記念写真撮って〜♡
そうだ！
日本に帰ってからまた会う時、このイヤリング、絶対つけてこようね!! 約束ねっ♥

ムジャキなおかあさんたちが、ちょっとかわいく思えた。

——そして、帰国後。

久しぶり〜
まった〜?
はっ
げんき〜〜?
げんき げんき〜
「おそろい」のイヤリング!
うちのおかあさん、つけてないじゃんっ!!

ちょっと
おかあさん、
イヤリングは??
おかあさんが
つけてこようって
言ってたんじゃ
ないのっ!?
あっ
そっ
そーだったね…
忘れちゃった〜…
も〜
ご〜め〜ん…
うちの
おかあさんって
人は…
まったく…
はははは

他人なら笑って許せるようなことでも、身内じゃなかなかそうはいかない…という話。

おしまい。

旅ノヒトコマ。

緊張と時差ボケで、初日の夜中から体調をくずした。
一睡もできなかった……
出先でみんなに迷惑かけたらどーしよ……
今日は2人で寝てよーよ。ゆっくりしよー
←ムラマツ母
予定変更を気にする母。
そんな、絶対にみなきゃいけないものなんて、ないんだからさっ
はい、お茶。
でも……

一方、なかがわ親子は……

おかあさんがすきそうな観光スポットが、ことごとく、工事中。

←全面大きなシートでおおわれている。

え〜〜、ここも〜〜!?

ざん、ねん…

でもなぜか、それほどがっかりしてないな、と思ったら……

ただいまー
ヨーコさん体調どう?今日はねー、みに行かなくて正解だよ!! 全部工事中だったー!!

病人に、良い報告ができるのが、うれしかったみたい。

娘のココロ問題。

ムジャキな おかあさん。
夜、どっちかの部屋にあつまってあそぼっか!!
うんっ
こんなことで、目がキラキラ
腕なんか組んで、中学生みたいに おみやげ探し。
あっちあっちあっち～

旅をしていると、「いろんなおかあさん」と遭遇する。

ビビる　おかあさん。

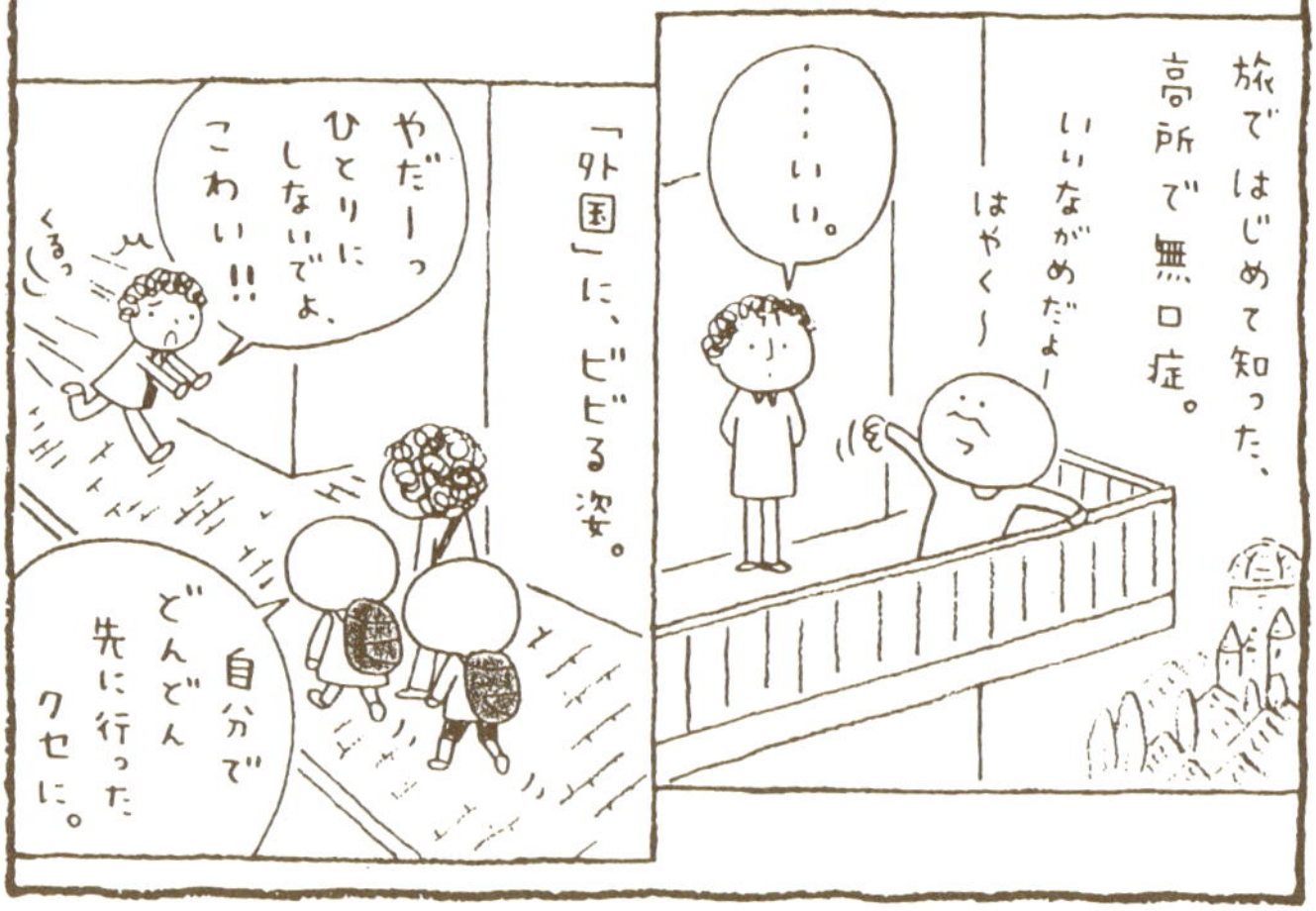
旅ではじめて知った、高所で無口症。
いいながめだよー はやく～
……いい。
「外国」に、ビビる姿。
やだーっ ひとりにしないでよ、こわい!!
くるっ
自分でどんどん先に行ったクセに。

コーフンする おかあさん。

あのまん中の料理、なんだろ。せんたくものの干し方、おもしろいっ。
窓からみえる、イタリア人の暮らしに、夢中。
スーパーで、あれも、これも。
わあ、おいしそー 食べてみよー
あー、そっちもいいね……

じつは、こんなことも よくあった。

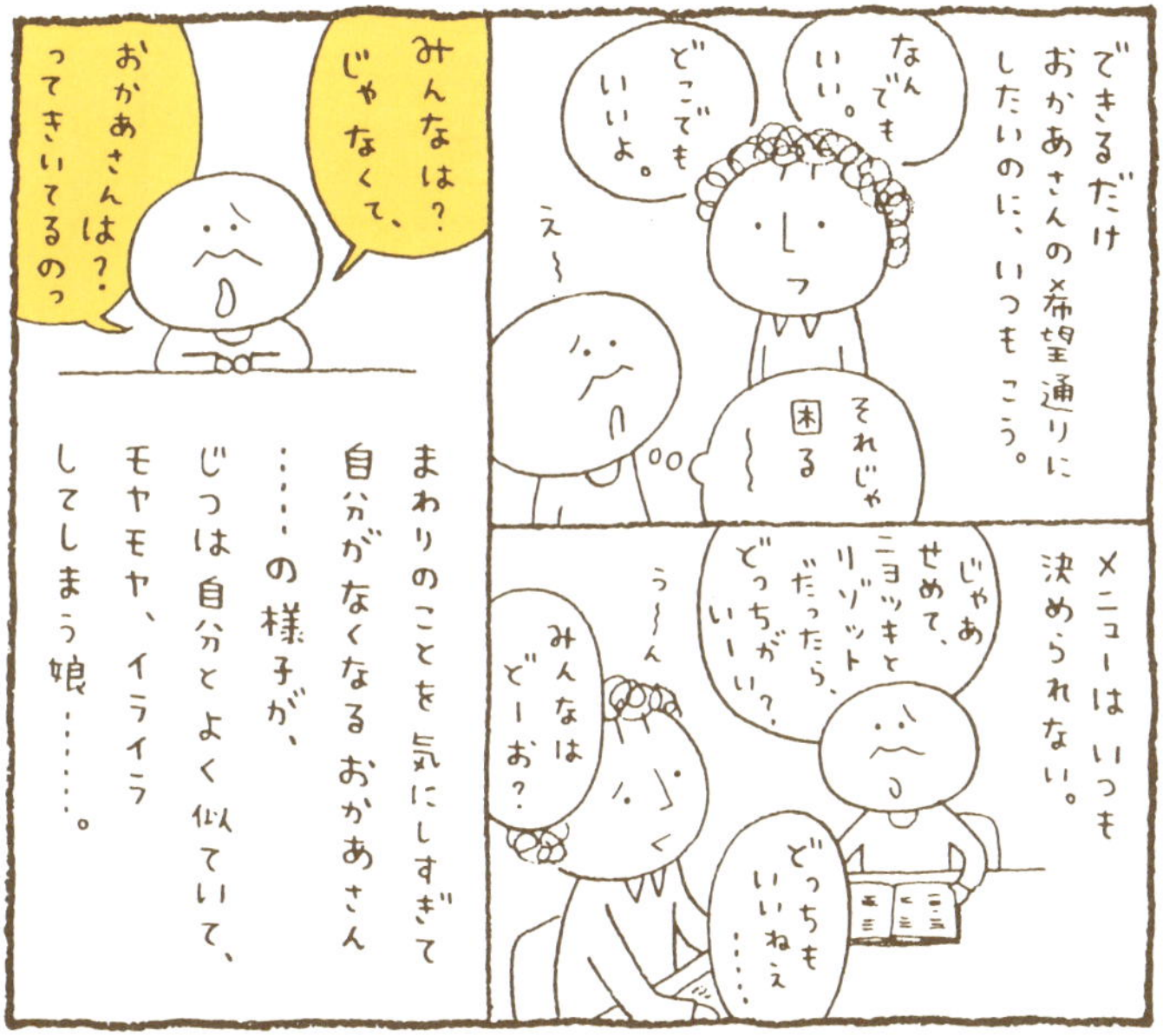
できるだけおかあさんの希望通りにしたいのに、いつも こう。

なんでもいい。

どこでもいいよ。

え～

それじゃ困る～

メニューはいつも決められない。

じゃあせめて、ニョッキとリゾットだったら、どっちがいい？

う～ん
みんなはどーお？

どっちもいいねぇ……

みんなは？じゃなくて、
おかあさんは？ってきいてるのっ
まわりのことを気にしすぎて自分がなくなるおかあさん……の様子が、じつは自分とよく似ていて、モヤモヤ、イライラしてしまう娘……。


そして、こんなことも。

考えに考えたプランをよそに、おかあさんは言う。
もー、今日はみなくてもいいよ。充分、充分♥ 帰ろ帰ろー
あっまたそーやって勝手に……
みんなはみたいかもしれないじゃんっ！ちゃんときいたの!?
えっ
あそーか
ごめんね、ほんとにも～
2人だけなら目をつぶれることでも、他人の前だと恥ずかしくて怒っちゃう娘……。「娘のわたしは、わかってるんです。」……なんていう、自分の体裁でもあるんだけど。

そんなイライラをあらわにしてしまった時、

そのあと必ずおちいる、自己嫌悪。
う〜……
おかあさんに悪気がないのは、
わかってるんだよ
……
やべ、言いすぎたか……？
これにけっこう、苦しめられる。
こっ、これじゃいかんっ…
親孝行の旅なのに……!!
他人にはこんなキビシイこと言わないのに
つい〜

そういえば、自分のおかあさんの言動を、「相棒」はいつも笑っている。

余計なコトをしゃべってる最中
娘↓
ヨーコさんかわいいーっ
イヤ！ますみさんおもしろすぎるっ
他人からみたら「笑いどころ」なわけ？！

他人のすることなら、そこまではかんじないのか。

じゃ、
どこかで知り合った他人のおばさん
と、思ってみよう。
このおばさんは、優柔不断で困っちゃうけど、人のことばっかり心配してるいい人かも。
いいじゃーん
このおばさんはズバズバ言うけど、裏表がなくて、正直な人みたいだな。
すきかもー
「客観的でいてみる」と、なんの問題もない、人間関係。

――イライラの原因は、おかあさんとのキョリだった。

身内意識が強すぎて、ココロのキョリをはかり間違える。
そして、そこでうまれる、愛憎入りまじった感情……。
親子ではあるけど別の人間、……ということをちゃんと思い出すとラクになれるかも。
?
うちの娘がねー。
あっ、また はじまった
おかーさん!!
勝手なコトを言っている。
みんなと一緒に笑っとく。

――と、そんなことも学んだ旅。

おしまい。

旅、恒例、キョージンな白人にびっくり。その①
ものすごい寒さと強風の中、余裕でジェラートを歩き食い。
あわわわ
キャー!! アイス!!
もうムリだね。帰ろ〜
散歩終ろ〜!
ひ弱な東洋人。→

旅ノヒトコマ。

旅、恒例、キョージンな白人にびっくり。その②
部屋の中でも寒いというのに、バルコニーに出てずーっと読書してくつろげている、おじさん。
ほんとーに、わたしたちとは、カラダのつくりが違うんですね……。
ヒュ〜ッ
← 上着も着てない。

旅ノヒトコマ。

旅で想う。

ジェラート
ジェラート
はやく
はやく

今日は 美術館で、
名画を みる。
イタリア。
そして
フィレンツェにきて、
ウフィッツィ美術館
といえば、まず、
この絵でしょう。
おかあさん、ほらこれ、
『ヴィーナスの誕生〜』
ん？
おかあさん？

ちょっ
ZZZZZ
今朝飲んだ風邪薬が、今効いてきたらしい。
こちらはどうか、というと、
みたみた、次行こう。
えーっ
とっとと進んでイスをみつけては座っている……
ふー
なんかやっぱりキツイのかな、このスケジュール。
ゆるゆるに考えたつもりだったんだけどな～……
予定ファイル
時々予定を見直す娘。
明日の見学、やめとく～？
でもねぇ～ここまできて、みないで帰るのもねぇ～
うーん…
おかあさんにみせたいキモチと、
体調を気遣わなきゃーというキモチとの、葛藤。
これはな
腰痛くなるかな？
移動手段によるよね。
ココとココの間をタクシーにするとか、
あ、こっちやめてこっちなら、バスで3駅だよ。
でも行きたいって言うかな……
これさぁ……
（おかあさんは、ホテルで休憩中。）

常に、おかあさんの顔色をみてチェックしてるつもりだけど
いつでも、
大丈夫だよ。
と言うのが母親で、
あ、行ってみたい、行ってみたい。
と言ってくれるのも、ムリしてるんじゃないのか？
ほんとに「大丈夫」ならぜひ行きたいし、でも、「ガマン」なら、やめときたい。
ん〜……
でも、気遣ったつもりで勝手に予定をはしょったところで、案外、「たのしみ」にしてたらどーしよ〜。
え〜っ行きたかったのにぃ〜っ
——と、いう迷いがぐるぐるして……ついつい、しつこくきいてしまう娘であった。
大丈夫？
疲れたらちゃんと言ってね。
次行くのここだよ。いいんだよね？
ガマンしないでよ。
具合悪くなってからじゃ遅いんだからねー
「大丈夫」と、「だめ」の境目って、よっぽどのことじゃない限り、本人にもよくわかんないのかもしれないけど。

体調はもちろん第一だが、娘のココロの軸は常に、「よろこんでくれてるかどうか」であった。
び、美術館、……どうだった？
ラファエロの絵をみられたから、ほんとよかった〜♡
ふしぎな絵も、いっぱいあって、おもしろかったね。
おかあさんたちよろこんでくれててよかったねぇ〜
ね。
（晩ごはん、買い出し中〜）
不安な時もあるけど、ね。
TOSCANA
VENEZIA FIRENZE
BUS & TRAIN
MAP
INFORMATION
あ、バスMAPもらっとこー

そう、よろこんでくれてるかどうか、不安な時もいっぱいある。
ちょっと！このまち並みもみてよ〜っ
えっ あっ ほんとだ
言わなきゃ みなかったり、
次のまちは、すごーくかわいくてね、……
あら ほんと。
ガサ ゴソ
微・反応。
スバラシイ教会を目の前に、
馬車の馬なんか、何枚も撮ってるし。
かわい〜っ
？
フツーはあっちを撮るでしょ
何を食べたいかきいても、
じゃこれでいいや。
「で、いい」じゃなくて、「が、いい」ってのないの……？

ーーふと、思う。
この、よろこばせたいキモチと、
でも思惑からはずれたかんじ、って、
昔は逆だったのか？
……と。
ほらー
これ買ってあげよっか
べつにいい
わーっ
こんなとこにかわいいお花が!!
ふーん
え
これじゃない
なんてスパゲッティーだよ〜
ごはんがよかった

ちょっと空回り気味だけど、
これが、
おかあさんとのあたしの旅。
〜。〜。〜まったり〜。〜。〜。〜
あの遺跡、よかったね！
オレンジのあかりがキレイだねぇ〜
外国にいるってかんじ
家事や
孫のコト、
おとうさんとのコト……を、
気にかけなくてもいい、
日常からはなれたおかあさんとの
ありそうでなかった、
「2人だけで過ごす時間」。
あ、今、日本が映ったよ。
なんかあったのかな？
おかーちゃんの、おかーちゃんの、っておぼえてる？
おばあちゃんのおかあさんってこと？

水上バス乗ろっかー
どれから食べる？
こっち行ってみたい。
休憩、休憩……

荷物、リュックに入れていーよ
腰痛いんでしょ～
へーキだよ
切符買ってくるからここにいてね—
ハイ
ハイ
先にトイレ行ってきていいよ
明日はどこ行くの

そんじゃー、次のまちに！
出発でーす!!
キロ
朝食の時、すこーしお菓子、もらってきたよ♡
まー
さすが…
道が悪いのかバスがボロいのか、ガタガタと揺られながら、丘の上の小さいまちを目指す。
これがフツーのパッケージツアーだったらもっといい乗りものに乗れたのかもしれないけど…
…ま、こーいうのを体験してみるのもいいよね…？
ガッ
あらっ！キレイな景色～♡
ほんとだ、かわいいところだねーっ
なんと！今日は、このまちに泊まるんだよ!!
小さいから、はじっこまでお散歩できるよ♡
あらまー♡そーなの？
しあわせだねぇ～
こんなとこ これちゃって ほんとだね～

親孝行をするんだ!!……とはりきって、お金を貯めて、つくった、旅。

「おかあさんを外国へご招待」、という長年の夢が、実現したんだ!!

MAP
そう、「夢がかなった」のは娘のほうで……

おかあさんたちは、うれしそうに、たのしそうにすることで、娘の夢につきあってくれたんじゃないか、と、振り返ってみて、そう想う。


おしまい。

旅ノオワリ。

もう
終わっちゃうのかー……
と、さびしいような、
でもちょっと、
やれやれ、
という
ホッとした
キモチ。
で、
また こよう、
と、誓ったりする、
帰りのヒコーキ。

この旅が、
親孝行になったか
どうか……は、
おかあさんの
心の中のもので
あるから、
なんとも
いえないけど。
すくなくとも、
『親孝行を
したい』
という、
自分たち・の・夢は、
果たせた。
ゴクッ

でも
親孝行って
1回だけすればいい、
ってもんでもないよな……
この旅が 終わりに
近づくにつれて、
「ちゃんと続けなきゃ……」
と、思った。
たとえそれが
「旅」というカタチじゃ
ないとしても、
「おかあさんによろこんでもらいたい」
を、軸にした、
自分にできる、なにかで。
ゴ
ゴゴ

ブ、ブルータス、おまえもか。

おまけのコラム! 自己"満"おみやげショー。

コーフン別

帰りのバッグをパンパンにふくらませたその中身とは? 迷惑がられそうなおみやげもあわせて、一挙公開!!

買いもの三昧だったとはいえ、買ったものといえば、ノーブランドの、こまごまとしたものばかり。

ROMA

日本にいる時とおんなじ感覚で、あちこちでお買いものをたのしんでいた。

そんな、こまごまとしたものを、みつける場所といったら……

まちのおみやげ屋さん

のみの市

食材市場
デパート
や
専門店
、
そして、
スーパーマーケット
CO-OP

宝探し度、No.1「のみの市」
あ、おとうさん、こんなかんじだと思う。
おとうさんへのおみやげを、自分の顔でチェック。
おじさんにもカッコイイ、サングラス。
シンプルでカタチのいいバッグ。
縫製がしっかりした、革のブーツ。
薄手のざっくりセーター

本領発揮、No.1「スーパー」
このチョコクリームおいしかったから買ってこ〜
あと、このパスタおもしろいから！
このチョコは、妹に♡
日用雑貨コーナーでは、SAMURAIというつまようじを。
→レストランで食べた変わったカタチのパスタ。
NOVI
BARATTI

バカ買い、No.1「まちのおみやげ屋さん」
ガラスがうめこまれたイヤリング。
バッグ、いろいろ。
香水、ちょっとみていい？
革の、ちいさいサイフ。
ペンダントヘッド。つい、こんなにお買い上げ。
今回もつい、おさえきれず
安いし。

そして、帰国後。
ホ! ホ!
買った時はよくわかんなかったけど、今すごーく気に入ってるの。
やわらか～い、革のバッグ。
黒で、超シンプルで、とても便利。
日本で買ったチェーンは、ヘッドの10倍高かったけど….
ベネチアで買った、ガラスのペンダントヘッド。
洋服や気分に合わせて、つけ替えるのが、おたのしみ。

ところでおとうさん。

もちろん、おとうさんへの　おみやげも、
忘れていない。

おっ、サイズぴったりだ。
やっぱりね
おかあさんの顔ではかってた、サングラス。
じゃ、行ってくるよー
——思いのほかお気に入りになった、サイフ。

さすが、おかあさん。

今日はなんとなく
おかあさんのヨロコビのツボを
さがす ゲームのよーな1日だった。

旅のはしりがき。

娘とおそろいのおみやげとか、
おかあさん同士のおそろいの
おかあさんはおそろい
すき？

身内のイライラを、笑いにかえてくれる、第三者のいる旅

おかあさんは
おかあさんなりに
娘に気を遣ってくれている。

人数が多いといろんな種類
が食べられてウレシ〜〜〜。

母国語。

ホテルのチェックインおまかせ

まちの人に、
バスのチケットはどこで
買えばいいのかと声をかけ
「どこでも売ってるよ」だって。
もうだいたいどこでも、なんだなァ。

他にボケてる人がいると、自分が
しっかりしてくるという法則。

ほんとーに
おかあさんのよろこぶことって
なんだろう？考えてみると、
ちゃんとつきつめたことはない

おかあさんが何よりもうれしいのは、
『アゲ膳スエ膳』か？
おとうさんからの解放？
日常からの逃避？？

毎日、水を買って帰る。
たくさんの種類の中から選ぶ
ポイントは、カルシウムの量と
ガスの有無。

体調くずして横になってるおかあさんが
テレビの料理番組を指さして、「この人の
イカの切りかたがキライ……」と具合悪そーに
つぶやいた。〜〜〜、みなさま……。

◦キオスクのおばちゃ
◦100円ラーメンの
おばちゃんそっくし
ウエイトレス
◦生ハムの薄ご

料理は中華、今日は
毎日の食事の選び方に
◦朝だけでもごはんを。

昔から古代文明ずきだった
おかあさん。ホンモノみられて
すっごいうれしそーだった。
よかった。次はぜひ
ピラミッドだ

ENZE ➡ S. GIMIGNANO

SIENA行

GNANO ➡ FIRENZE

№ 10996

Museo Poldi Pezzoli

FONDAZIONE ARTISTICA POLDI-PEZZOLI «Onlus»
MILANO - VIA MANZONI N. 12

Biglietto d'ingresso € 6,00

Esente da IVA come da art. 10/22 DPR 26-10-1972 n. 633
N.B. - Il presente è personale e vale per una sola volta. Conservare per il

BANCA REGIONALE EUROPEA

「カフェでひとやすみ。
すっごいへんなトイレだったよ!!」
…うれしそーに戻ってきた
…かーさん。ネタをゲット!!
…てかんじで。

DA TIMBRARE - TO BE CLIPPED ON THE BUS
TRAIN SPA
3617 CS 1521
EURO 5,90
POOL SITA
DA COMPILARE SE ABBONAMENTO
TESSERA N.
BARRARE IL GIORNO ESCLUSO
LU MA ME GI VE SA DO
TRATTA DA:
A:
J670266974̄13X

「ど～にかなるさ」って
いうのは、ど～にかする
ひとがいるから、ど～にかなる
ワケで。

自分が思春期の頃のおかあさんを
思い出すと、ありがとうより、
ごめんねってキモチが…

「今度はエジプト行く?」
ってきいたら、「あの手"読んで"
こわくなったからヤダ」だって。

じ～、まだホテルにつくと言っちゃったよ。
ぶぁ～、おかあさ～ん。

娘が、
親孝行をしてる気分に
ひたれることが大事なのでは
ないことくらい、わかってる。
母の反応に、一喜一憂する毎日。
理想のリアクションを求めちゃう、
自分の器の小ささ。

市場で、おかーさんたちが、
みたことない野菜に
コーフンしてる。キッチン付の
宿だったら、ちょいと腕を
ふるってもらえたかも……。

おかーさんの英語。
フロントにカギをもらう時の部屋番号、
「502：(ファイブオーツー)」をはじめに、
「マイドーター」「セイムワン プリーズ」とか、たまに
出てくる。「おっ」と思う。

ぜったいまた
いっしょにくる!!

Ser. D
OPERA MEDICEA LAURENZIANA
FIRENZE
BIGLIETTO PER LA VISITA DEI RELIQUARI
DI CLEMENTE VII E IL PASTORALE
E LA MITRA DI LEONE X.
PREZZO € 2,00
BIGLIETTO È VALIDO PER UNA SOLA VOLTA
PER IL GIORNO IN CUI È STATO ACQUISTATO

前にきた
キオクと
それは

長いひとり暮らしで忘れてたおかあさんの
クセというか性分というか…を、思い出した。
旅ではじめて知ったところもあるし。
「おかあさん」をかんじにきたみたいな旅。

あのフランス人が、なぜ
私をおぼえてたかとゆーと、
バスの中で思いっきり頭を
打っていた姿が印象的だったと。

外の
…レストランの中から、手招きするおじさん、
…ばさんたち…??? とりあえず中に
入ってくと、さっきこのまちに来るバスで
いっしょだった人たち。コトバ通じないけど
いっしょにランチ。自己紹介だけであんまり
話せなかったけど、たのしかった。

何が食べたいか、ついしつこく
きいちゃうけど、そんなに
常に食べたいものがはっきり
あるわけではないよな

風邪なんかひいてないのに
予防、とかいって薬のんで
美術館でねてる母。

旅の、走馬灯〜。

買った 買った〜
旅のしょっぱなから増える荷物。
わ〜〜〜っ
絵画のような景色!!
こんなところにいるなんて……
よっしゃ!
そろそろおとうさんに電話しないとね。
おかーさん
おかーさん、撮るよーっ

笑顔の写真が撮りたいのに、
テレなのか、いつも無表情でかまえる母。

明日 この袋 いるかなあ
え〜？

あのうち、今日はいつもより おとうさんの帰りが 遅いみたいよ。
そ、そーなの？

あー、うめぼし もってくれば よかったね〜〜

——夜の、足もみ、腰もみ。

あー きもちいい あー
治ってきた 治ってきた

いまだに、ほめる子育て風。

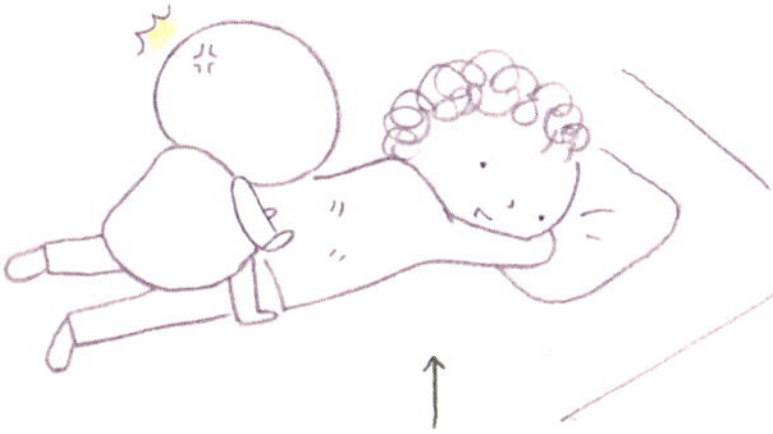
あんまり もみ方、うまく ないよね。

娘には、あくまでも ストレート。

テーブルにラップを敷けば、お皿になるよ。
ピーッ
お〜、
あったまいーい
おそろいで買おっか♡
そーしよっか♡
おまたせ。次入ってきな。
う〜ん、朝にする〜〜
一緒にせんたくしちゃうからかして。
じゃ、おねがいします。
じゃ、あとでねー
ときどき、親子ペアで、別行動。

おかあさんの
おにぎり
食べたくなった。
みそのヤツ。
ここはおかあさんが
おごるよ。
えっ
ほんと？
わーい♡
ちょっと
しゃがんで
くるねー
はいよー
……おトイレタイム。
あたしが起きた時には、
バッチリ 化粧済み。
オハヨーさん
はやっ!!
また
こようね。

あとがき。

帰国後しばらくたった今でも、
「今テレビでベネチアの特集やってるよ」、なんて
電話がかかってきたりする。
旅をしていた時間より、
旅のあと、それを想う時間のほうが長いんだな、と思う。
共通の思い出は、一緒に盛り上がって一緒に笑えるから、
この先、きっと何度も、「あの時さぁ〜」って、
おんなじこと、くり返しくり返し、話すんだろう。

旅、という場面を借りて、
久しぶりにおかあさんと、長い時間 一緒に過ごした。
「いつもと違う空間」というのが 新鮮だったからか、
おかあさんとの間が、いつもより、
広がったり縮まったり。新しい発見があったり。

今回のこの旅は、もともと、「本にするための企画」ではなく、
ただ純粋に、私たちの、「おかあさんに旅をプレゼントしたい」
という思いから、計画し、行ってきたものです。
なので、あんまりメモや写真をとらなかったし（性分なので多少はとりましたが）
本の構想とか、テーマとか……そんなことも考えることなく、
存分に、『おかあさんとの旅』を、たのしんできました。
（なのになぜ、こうして本になっているのかというと……
『なんか、もったいなくない？……描いちゃう？』という、私たちのビンボー根性作家魂ゆえです）

というわけで、この本は、はからずも、
「親孝行」をテーマにがんばった話、になりましたが、
そうでなくても、読んだ方が、「大切な人と、どこかでたのしく過ごせる時間」
をつくることの、きっかけになってくれればうれしいです。
それは旅でなくてもいいし、
親子じゃなくて、夫婦でも姉妹でもいいし、
親子でも、親がスポンサーっていうのもアリだし……
ただ、バタバタした日常ではない、いつもと違う空間、
そして、相手のことを想った企画、というのはポイントかも。

「親孝行をしたい」なんてキモチの結果は、
娘の「自己満足」「傲り」「空回り」……でしたが、
おかあさんさえイヤでなければ、これからもあちこち、
もっと気軽に誘ってみたいと思います。
共通の話題が、こどものころのことだけじゃなく、
新しく増えていくことが、たのしいから。

この本に関わってくださったすべての方々と、
留守番をしてくれた父と、妹に感謝します。
ほんとにありがとうございました。

ムラマツ　エリコ
なかがわ　みどり

k.m.p. の、本。

↓

旅をしては描き、しては描き……。

ポルトガル 朝、昼、晩。（メディアファクトリー）
旅のコーフン（角川書店）
エジプトがすきだから。（JTBパブリッシング）
ベトナムぐるぐる。（JTBパブリッシング）
エジプトのききめ。（JTBパブリッシング）
文庫版「エジプトがすきだから。」（角川書店角川文庫）
文庫版「ベトナムぐるぐる。」（角川書店角川文庫）

こどものころを思い出して描きました。

おかあさんとあたし。（大和書房）
おかあさんとあたし。2 （大和書房）
むかしのあたし。（大和書房）
ちいさかったころ。（大和書房）
3さいからのおとな。（大和書房）
3さいからのひとり。（大和書房）
3さいからの銭湯。（大和書房）

ぐるぐるなキモチをぶちまけました。

k.m.p.の金もーけプロジェクト。（メディアファクトリー）
ぐるぐるなまいにち。（JTBパブリッシング）
やなコトを、どーにかこーにか。（二見書房）
k.m.p.のぐるぐるなきもち箱。（三笠書房王様文庫）
さるむし。（角川書店）
丸山さんのしあわせ。（KKベストセラーズ）
2人で、おうちで、しごとです。（幻冬舎）

あなたも、ぶちまけてみませんか。

おせっかいな おこづかい手帖。（メディアファクトリー）

「すきなコト」で
おしごとをつくって
生きていこ〜、という、
2人のユニットです。
旅に出たり、本を
かいたり、雑貨を
つくったり…がしごと。

たのしー、とか
くるしー、とか……
寿司だ、居酒屋だ、
カラオケ行くぞー、…
と、ブツブツ言いながら
しめきりに追われてる
まいにちです。

k.m.p. のサイトに、あそびにきてね。

http://rose.ruru.ne.jp/kmp/

http://k.excite.co.jp/hp/u/kmpkmpkmp

本書は、WEBダヴィンチ（2005年5月～2006年6月）、別冊ダヴィンチvol.1～vol.4に掲載されたものを収録、さらに加筆したものです。

おかあさんと旅をしよ。

二〇〇六年七月七日 初版第一刷発行

著者 k.m.p. ムラマツ エリコ なかがわ みどり

発行者 斎藤幸夫

発行所 株式会社メディアファクトリー
〒104-0061 東京都中央区銀座8-4-17
TEL 〇五七〇-〇〇二-〇〇一

印刷 製本 図書印刷株式会社

ISBN 4-8401-1558-3 C0026

定価は、カバーに表示してあります。

メディアファクトリーの、

k.m.p.の、本。

すきなコトで「おしごと」をつくろー！

「金もーけプロジェクト。」

なんかやりたい……やらなくちゃ……と、
日々思っている人への、ヒントがつまってる本。
すきなコトをしごとにしたい人、
必見!!

1年後には、ちょいと違う自分に！

「おせっかいな おこづかい手帖。」

「この先なんかやりたい」の、なんかを
カタチにしていく手帖。
1年後、には「こーなる！」と宣言して、はじめよう！

2週間、暮らしてみる旅！

「ポルトガル 朝、昼、晩。」

ほんとに暮らすのは大変だから、
「暮らしごっこの旅」。ひとつのまちに
居続けて、ちゃんと生活してみる。
そんな旅をしてみたい人に、おすすめの1冊！

こんな影も、絵のうち。→

バチカン美術館の通路の天井には、びっっっっしりと絵画やレリーフが・・・・・

・・・と、思いきや。

あれ？レリーフじゃなくて・・・
・・・絵だ
!!
?

写真に撮ればもっと平面的に写るだろう・・・と思ったのに、

↑余計、レリーフにみえる♪

誰にみせても、「絵」だと信じてもらえない1枚。

そのうち、自分の記憶にも、自信がなくなってきた・・・・。

絶対絵だったよ・・・ねっ
絶対絵だった。・・・はず・・・・

上の窓は、ホンモノ。↓

↑下の窓は、ニセモノ（絵）。

わざと・・・こうした、みたいな朽ち方の、壁。

テーマパークって、こーいうのを参考にしてるんだろーな。

下り坂に、階段のようなストッパー。

階段のぼってるのに下ってるみたいな、へんなかんじ。